ビジネスからみた情報活用学

# eビジネス&マーケティングの教科書

情報化社会におけるビジネスの捉え方

大嶋淳俊 著　OSHIMA ATSUTOSHI

第二版

学文社

# はじめに
## ～情報化社会のビジネスとマーケティングの捉え方～

　本書は，進化を続ける情報化社会において，ビジネスとマーケティングの動向および特徴を理解し，自らの生活や仕事に役立てることを目的に執筆した．2012年に出版した初版の統計データや事例を大幅に見直した，「第二版」である．

　21世紀に入って十数年が経ち，我々の経済社会の変化は加速している．ビジネスのグローバル化，人と組織の関係変化，消費志向の多様化，文化・宗教摩擦の激化，ITの進化と浸透など，変化のメルクマールは複雑化している．

　とりわけ，インターネットを軸とした情報化の経済社会への影響は，目をみはるものがある．インターネットおよびモバイルインターネットの爆発的な普及，スマートフォンやタブレット端末など情報通信機器の劇的な進化，世界をつなぐソーシャルメディアの浸透，あらゆる事象がデータ化されるビッグデータの登場など，情報化社会の進展は立ち止まることを知らない．我々は過去10年で，数百年分以上の劇的な変化を体験しているといっても過言ではない．

　近年，ITの世界では，コミュニケーションの要素が格段に強まっており，「IT（Information Technology）」に「コミュニケーション（Communication）」を加えて，「ICT（Information, Communication and Technology）」と呼ぶことが増えている．

　従来のマスメディア以外にも一般個人が情報を発信する動きも強まり，インターネットで流れる情報は加速度的に増加するとともに，情報の発信側と受信側が多様化して，コミュニケーションの頻度と拡がりは格段に高まっている．

　これにより，商品やサービスの「提供（販売）側」と「利用（購入）側」という単純な構造が崩れて，インタラクティブな関係に変化している．このような流れのなかで，以前は，インターネットを利用しているだけで「eビジネス」と呼ばれていたが，現在は，あらゆるビジネス活動にインターネットが関係しており，eビジネスの概念は，格段に拡がっている．

　しかし，その動きはあまりに急速なため，全容を捉えるのは容易ではない．

i

はじめに

我々は、そのような動きを、どのように捉え・理解すれば良いのだろうか。

筆者は、政策に資するための調査研究や民間企業へのコンサルティング、国際機関事務局での業務経験、大学での学術研究や教育など、さまざまなことに従事してきた。また、情報活用に関するリサーチ、ICTを活用したカリキュラム開発からeラーニングの教材開発なども手がけてきた。

これらの経験を踏まえて、我々が生きていくうえで、ICTを賢く利用・活用する能力である「情報活用力」の重要性はますます高まっていると考え、2012年秋に学文社から『情報活用学入門—情報化社会の「攻め方」・「守り方」』を上梓した。そこでは、「情報活用力」を「①メディア特性と情報収集・選択」、「②ICTコミュニケーションと情報創造・発信」、「③情報モラルとマナー」、「④情報化社会の権利と情報セキュリティ」という4本柱（構成要素）の枠組みを提示した[1]。

「情報活用力」の概念

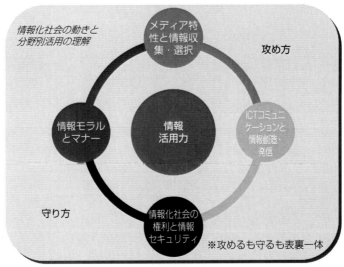

出所：大嶋淳俊（2012）『情報活用学入門』学文社、p.13

---

1 詳しくは、大嶋淳俊（2012）『情報活用学入門』学文社を参照されたい。

そこでは，4本柱を軸とした「情報活用力」を身につけたうえで，「情報化社会の動きと分野別活用の理解」についての必要性を明示している．

本書は，まさにこの点について，経済社会の動きとインターネットとの関係性を的確に捉え，そのなかで生まれている新たなeビジネスやマーケティング活動について理解し，賢く活用するために執筆したものである．その意味で，本書は『情報活用学入門』の応用編の第1弾，ともいえる．

本書の基本構成は，次のとおりである．

**本書の全体構成**

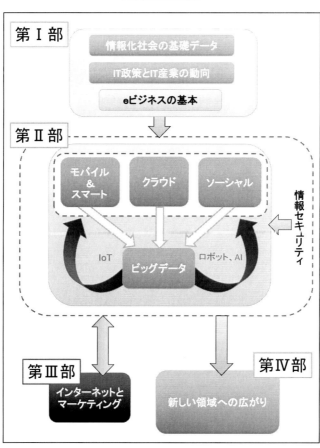

# はじめに

●**第Ⅰ部　インターネットの発展とビジネス**　少子高齢化社会の状況からインターネットの利用の変化など，情報化社会の基礎データを確認するとともに，政府のIT政策やIT産業の動向を鳥瞰する．また，近年の成長分野として注目される，IoT，ロボット（ロボティクス），AIなどについても取り上げる．そのうえで，eビジネスの基本について整理する．

●**第Ⅱ部　eビジネスの新潮流の要因**　eビジネスの新潮流を後押ししている要因を，「モバイル＆スマート」，「クラウド」，「ソーシャルメディア」，「ビッグデータ」の4つの枠組みで捉え，事例を交えて詳しく解説する．また，これらの潮流を後押しするIoTの動きについても言及する．

●**第Ⅲ部　インターネットとマーケティング**　マーケティングの基本を踏まえたうえで，インターネットによるマーケティングの革新について，さまざまな観点から取り上げる．

●**第Ⅳ部　eビジネスの新領域への拡がり**　eビジネスの新しい領域への拡がりの例として，労働分野では「在宅ワークやクラウドソーシング」，教育分野では「eラーニングや高等教育分野でのMOOC等の動き」を取り上げる．

　本書は，上記の構成のとおり，情報化社会におけるビジネス（eビジネス）からマーケティング（インターネットマーケティング）まで，非常に幅広い領域を扱っている．一般的に，eビジネスとマーケティングの書籍は別々に出版されているが，本書ではその関係性の強さ・深さに着目してひとつの体系で捉え，自分がこれらの動きを捉えるための「フレームワーク」を提供することを目的としている．新たな試みと理解していただきたい．

　第二版の執筆にあたっては，統計データや事例を大幅に見直した．初版の出版からまだ2年半ほどしか経っていないが，変化の早い分野でもあり，統計データや調査結果のデータなどで新たなものがある場合は更新を行い，事例についても加筆したり新規で作成したりした．

　ただし，この分野を捉えるための「フレームワーク」はそれほど大きく変わらないと思われる．最新の情報は，ぜひご自身でも日々確認して，新たな動き，ユニークな動きを見つけて，なぜそれが生まれて，どこへ行くのか，自分の

「フレームワーク」と照らしながら考えてみていただきたい．

　本書の執筆にあたっては，立教大学での「eビジネス＆マーケティング」や「経営情報特論」（大学院科目）の講義内容を基にしている．その過程で，さまざまな方にお世話になった．また，本書の出版を快諾いただいた学文社の田中千津子社長と，編集に尽力いただいた落合絵理さんには大変お世話になった．感謝の意を表したい．

　情報化社会を賢く生き抜くうえで欠かせない「eビジネスとマーケティング」について，包括的で実践的な理解と今後の行動の指針として，少しでもお役に立てば幸いである．

2016年5月　　　　　　　　　　　　　　　　　　　　　　　　大嶋　淳俊

# 目 次

はじめに i

## 第Ⅰ部　インターネットの発展とビジネス

### 1. 情報化社会の現状とインターネット ……………………………… 2

#### 1.1　情報化社会の基礎データ　2
1.1.1　少子高齢化社会と情報化　2　／　1.1.2　インターネット利用環境の変化　7
1.1.3　コミュニケーションの変化　12　／　1.1.4　ライフスタイルの変化　14
1.1.5　ワークスタイルの変化　16

### 2. IT政策とIT産業の動向 ……………………………………………… 20

#### 2.1　日本のIT政策　20
2.1.1　IT政策の変遷　20　／　2.1.2　IT政策の現状　21

#### 2.2　IT産業の概況　23
2.2.1　IT産業の現状　23　／　2.2.2　IT産業の動向　24　／　2.2.3　今後の成長が見込める分野　25

### 3. eビジネスの基本 ……………………………………………………… 31

#### 3.1　eビジネスとは　31

#### 3.2　eビジネスの歴史と普及の背景　33
3.2.1　インターネットの発展以前の電子商取引　33　／　3.2.2　インターネットの商用利用の変遷　33

#### 3.3　eビジネスの類型化　34
3.3.1　B to B　36　／　3.3.2　B to C　37　／　3.3.3　B to B to C　42
3.3.4　C to C　43　／　3.3.5　B to G, B to E　45　／　3.3.6　O2O（O to O）　45
3.3.7　eビジネスがもたらした影響　49

#### 3.4　eビジネスの新たな段階　50

## 第Ⅱ部　eビジネスの新潮流の要因

### 4. モバイル&スマート ……………………………………………… 54

- 4.1 スマートフォン　55
  - 4.1.1 スマートフォンの特徴　55 ／ 4.1.2 スマートフォンの利用状況　55
- 4.2 タブレット端末　56
  - 4.2.1 タブレット端末の特徴　56 ／ 4.2.2 タブレット端末の利用状況　57
- 4.3 ウエアラブル端末　58
- 4.4 モバイルがeビジネスに与えた影響　60
  - 4.4.1 企業内での活用　60 ／ 4.4.2 企業と消費者間での活用　61
- 4.5 課題と展望　64

### 5. クラウドコンピューティング ……………………………………… 66

- 5.1 クラウドコンピューティングとは　66
- 5.2 クラウドの技術　67
- 5.3 クラウドコンピューティングの利点　67
- 5.4 クラウドコンピューティングの種類　68
  - 5.4.1 クラウド基盤層（IaaS）69 ／ 5.4.2 クラウドサービス提供層（PaaS）70
  - 5.4.3 クラウドアプリケーション層（SaaS）70
- 5.5 企業のクラウド利用状況　71
- 5.6 課題と展望　72

### 6. ソーシャルメディア ……………………………………………… 75

- 6.1 ソーシャルメディアとは　75
- 6.2 ソーシャルメディアの動向　78
  - 6.2.1 ソーシャルメディアの普及状況　78 ／ 6.2.2 利用実態　78
- 6.3 主なソーシャルメディアの事例　79
  - 6.3.1 SNS（Social Networking Service）79 ／ 6.3.2 ミニブログ/マイクロブログ　82 ／ 6.3.3 無料通話・チャットアプリ　85
  - 6.3.4 動画共有・ライブ配信　87 ／ 6.3.5 集合知・共有サイト　89

6.3.6　ソーシャルメディア・ビジネスの展望　91
　6.4　企業のソーシャルメディア活用実態　92
　6.5　課題と展望　96

## 7. ビッグデータ ……………………………………………………… 98

　7.1　ビッグデータとは何か　98
　　　7.1.1　ビッグデータの構成要素　98　／　7.1.2　構造化データと非構造化データ　99
　　　7.1.3　IoTの進展　101
　7.2　ビッグデータの特徴　103
　7.3　ビッグデータを活用する意義　104
　7.4　ビッグデータビジネスの分類　104
　7.5　課題と展望　108

## 8. 情報セキュリティ ……………………………………………………… 110

　8.1　情報セキュリティとは　110
　　　8.1.1　情報セキュリティの定義　111　／　8.1.2　情報セキュリティに関する脅威の増大　111　／　8.1.3　不十分な情報セキュリティ対策　114
　8.2　情報セキュリティ対策　116
　　　8.2.1　コンピュータウイルス対策　116　／　8.2.2　パスワード管理　120
　8.3　情報セキュリティマネジメントシステム　122
　　　8.3.1　情報セキュリティポリシー　122
　　　8.3.2　実施サイクルとしてのPDCA　123
　8.4　情報セキュリティビジネス　125
　　　8.4.1　情報セキュリティビジネスの市場の捉え方　125
　　　8.4.2　情報セキュリティビジネスの市場規模　125

## 第Ⅲ部　インターネットとマーケティング

## 9. マーケティングの基本 ……………………………………………………… 130

　9.1　マーケティングの定義　130
　9.2　顧客の欲求の捉え方　132
　　　9.2.1　「ニーズ→ウォンツ→需要」の3段階　132　／　9.2.2　顧客の欲求を満たす　133

9.3 マーケティングコンセプトの変遷　134

9.4 マーケティングの基本プロセス　136
　　9.4.1　マーケット環境分析　138　/　9.4.2　STPの考え方　139
　　9.4.3　マーケティング・ミックス：4Pと4C　139

## 10. インターネットによるマーケティングの革新 ……………………… 142

10.1 インターネットによるマーケティングの進化　142
　　10.1.1　購買モデルの変化　145　/　10.1.2　マーケティング・コミュニケーション
　　とインターネット活用　146　/　10.1.3　インターネットとメディア　147

10.2 インターネットと広告　150
　　10.2.1　広告市場の動向とインターネット広告　150　/　10.2.2　インターネット
　　広告の特徴と分類　153　/　10.2.3　評価・効果測定　158

10.3 パブリックリレーションズ（PR）　160
　　10.3.1　検索におけるPR　160　/　10.3.2　イメージ戦略　161

10.4 課題と展望　162

## 第Ⅳ部　eビジネスの新領域への拡がり

## 11. 労働のeビジネス化 ………………………………………………… 164

11.1 在宅ワークとクラウドソーシング　165
　　11.1.1　在宅ワークとクラウドソーシングの関係整理　165　/
　　11.1.2　クラウドソーシングとは何か　166　/　11.1.3　クラウドソーシング進展
　　の背景　167

11.2 クラウドソーシングの類型　167
　　11.2.1　クラウドソーシング事業者の分類　167　/　11.2.2　受発注方法の分類と
　　特徴　168

11.3 クラウドソーシングを巡る2つの変化　169
　　11.3.1　受注側の変化　169　/　11.3.2　発注側の変化　170

11.4 課題と展望　171

## 12. 教育のeビジネス化（eラーニング）……………………………… 173

12.1 eラーニングの普及と定着　173
　　12.1.1　拡がりをみせるeラーニング　173　/　12.1.2　企業での活用方法　174

12.2 MOOCの登場と普及　177
　　12.2.1　MOOCの背景　177　／　12.2.2　MOOCの現状　178

12.3 課題と展望　179
　　12.3.1　eラーニングの課題と対策　180　／　12.3.2　展望　181

参考文献・情報　183

索引　184

# 第Ⅰ部
# インターネットの発展とビジネス

　第Ⅰ部では，情報化社会の基礎データを確認するとともに，IT政策やIT産業の動向を把握したうえで，ｅビジネスの基本について整理する．

# 1. 情報化社会の現状とインターネット

本章では,日本においてICTがどれほど普及し活用されているのかという状況について,基本データを参考に,情報化社会の動向を解説する.

##  1.1 情報化社会の基礎データ

情報基盤が整っていくなか,インターネットの利用状況はどのように変化しているのか,基本データを概観する.

### 1.1.1 少子高齢化社会と情報化

少子高齢化と情報化は一見関係がなさそうにみえるが,社会の最も基本となる構成要素である人口動態が大きく変化していくことを踏まえなければ,今後のeビジネスは語れない.そのため,少子高齢化の現状を整理したうえで,そこで必要とされている情報化について考える.

**(1) 日本の人口は2010年がピーク,生産年齢人口は1990年から減少**

国立社会保障・人口問題研究所「日本の将来推計人口(平成24年1月推計)」を基に,日本の人口の推移をみることとする.戦後から1980年代頃まで順調に伸びていた日本の人口は,その後は伸びが鈍化して,2010年をピークに徐々に減少に転じている.人口推計による日本の人口の見通しでは,2030年には1億1,662万人を経て,2048年には1億人を下回り,2060年には8,674万人に

### 図表1−1 日本の人口推移：高齢化率と生産年齢人口割合

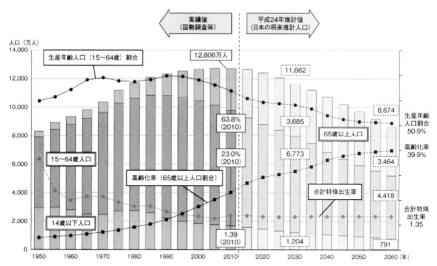

資料：総務省「国勢調査」及び「人口推計」，国立社会保障・人口問題研究所「日本の将来推計人口（平成24年1月推計）：出生中位・死亡中位推計」（各年10月1日現在人口），厚生労働省「人口動態統計」
出所：総務省（2012）『平成24年版　情報通信白書』p.8

なると予想されている（図表1−1）．

　生産年齢人口（15〜64歳の人口）は，1990年頃にすでにピークに達し，2010年には63.8%に減少，さらに2015年には60.7%に下がり[1]，7,500万人にまで減っている．今後の見通しとしては，2065年には50.6%にまで下がると予想されている．生産年齢人口の減少は，日本経済の潜在成長率を押し下げる大きな要因になると考えられる．

(2) 高齢化率は25%を超え，鍵を握るのは"2つの団塊世代"

　高齢化率（高齢人口の総人口に対する割合）は，1990年に人口全体の約12%だったのが，2010年には約23%（2,948万人）まで増えており，さらに2013年

---

[1] 財務省（2015）「説明資料　経済社会の構造変化〜若　者〜（平成27年8月28日）」

### 図表1-2 人口ピラミッドの変化（1990～2060年）

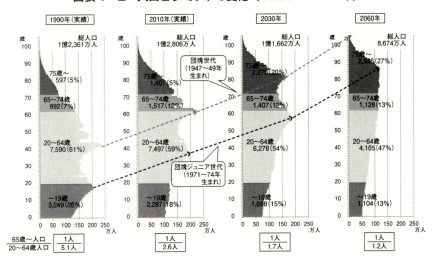

資料：国立社会保障・人口問題研究所「日本の将来推計人口（平成24年1月推計）出生中位・死亡中位」
出所：厚生労働省

には約25%になり，4人に1人を上回った．

　推計によると，高齢化率は2030年には約32%と3人に1人が高齢者となり，2060年には約40%にまで跳ね上がっている．これは，団塊世代（1947～49年生まれ）と団塊ジュニア世代（1971～74年生まれ）といった人口のボリュームゾーンが高齢人口の核になっていくからである．

### (3) 2035年に高齢者の一人暮らしは30%超，1世帯あたりの人数は減少

　国立社会保障・人口問題研究所が2014年4月11日に発表した「都道府県別世帯数の将来推計」（5年ごとに公表）によると，2035年には41道府県で高齢世帯が40%を超えると予想されている．高齢世帯のうち，一人暮らしの割合は46都道府県で30%以上，都市部を中心に9都道府県では40%を上回っている．また，1世帯あたりの平均人数は全都道府県で減少しており，最少の東京都では，2015年に2人を割り込んで1.97人になるとしている．

## (4) 日本は「高齢社会」の段階を過ぎ，世界最速で「超高齢社会」に突入

　人口学的には，総人口のなかで65歳以上の高齢者の割合が増加することを「高齢化」と呼ぶ．そして，高齢者人口が全人口の7%を超えると「高齢化社会」，その2倍の14%を超えると「高齢社会」，さらにその3倍にあたる21%を超えると「超高齢社会」と呼ぶ．今でも一般的に「高齢化社会」や「高齢社会」という用語が使われるが，実際には数年前にすでに「"超"高齢社会」に突入してしまっているのである．

　さらに日本の少子高齢化の特徴としてあげられるのは，高齢化の早さである．高齢化社会から高齢社会への移行が他の欧米諸国と比べても非常に早い．フランスが114年間，アメリカが69年間，イギリスが46年間，ドイツが42年間かかっているのに対して，日本はわずか24年間で高齢社会に移行してしまっている．つまり，世界で最も急速に「超高齢社会」に移行した国だといえる．

## (5)「超高齢社会（超少子高齢社会）」での情報化という視点

　少子高齢化は，20年以上前から"いずれ来る将来の課題"として扱われていた．ただし，それが注目されだしたのは「2007年問題」がささやかれはじめた2005年頃からで，すでに10年以上も経っている．その間に，日本は十分な手を打てないまま，急速に「超高齢社会（いいかえれば，「超少子高齢社会」）」になってしまっている．

　このような構造変化を理解し，経済社会の前提条件として，情報化はどのように関係するのであろうか．

　第1に，高齢者が確実に増えていくなかで，情報化に求められるのは「ユーザビリティの改善」である．スマートフォンやタブレット端末の普及が急速に進んでいるが，これは若者やビジネスパーソンが使う段階から，高齢者層が情報化に関わる兆候を示している．これらは，キーボードやマウスが不要で直感的に指でタッチして操作できる，音声でも入力できる，小さな文字は拡大できるなど，超高齢社会にはとてもマッチしている．今後は，機器としての操作だけでなく，アプリケーションの面でも，高齢者対応がますます必要とされるであろう．

第2に、「インターネット利用機器の連携」である。パソコンに加えて、スマートフォンやタブレット端末を持つ世代が、高齢者層を含むすべての世代に広がってきている。これら複数の機器をシームレスに使えるようになるかどうかが、そのサービスが使い続けられる大きな要因となる。例えば、Apple 社のiPhone と iPad は、iTunes というインターネットのインフラサービスを使って連携が容易になっている。Google 社の Android のスマートフォンとタブレット端末も同様の路線で競争している。

　第3に、人と人との「つながりの促進」である。高齢者が増えて一人世帯が増加するなか、人々はますます「人とのつながり」を求める傾向にある。それゆえ、当初は若者を中心に広まったソーシャルメディアが、高齢者のなかでも徐々に浸透して、高齢者が数十年ぶりの同窓会の開催に利用したり、新たなサークル活動の連絡手段として使ったりしている。また、高齢者世帯が、自分の子どもや孫とのコミュニケーション手段として、タブレット端末でのテレビ電話システムを利用したりもしている。今後も、それに役立つようなアプリ

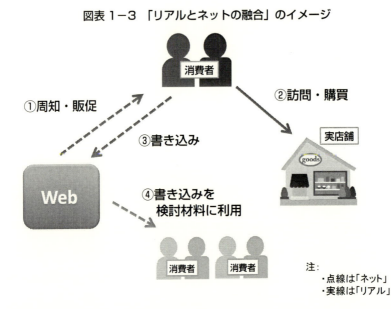

図表1-3　「リアルとネットの融合」のイメージ

ケーションやサービスの開発が，情報化促進の大きな鍵となろう．

第4に，「リアルとネットの融合」である．これはインターネットが普及する過程で以前からいわれていたことだが，高齢者が増えるなかで，インターネットが日常生活の手段としていかに直接的に役立つかが大きなポイントとなる．例えば，最近よく聞く「O to O（Online to Off-Line）」とは，インターネットの広告や販売促進活動によって，実店舗に消費者を誘導するという取り組みのことである．

このようなマーケティング活動以外にも，インターネットによる周知活動により，上記のような人とのつながりを醸成して，実際に被災地に行ったり高齢者世帯を手助けするといったボランティア活動を促進した事例などもそのひとつといえる．

今後，「超高齢社会（超少子高齢社会）」を我々がどのように生き抜いていくかについて，情報化は大きな役割を担っているといえる．

## 1.1.2 インターネット利用環境の変化

### （1）インターネット利用状況

日本におけるインターネット利用者数および人口普及率は継続的に増加している．2006年には70%を超え，2014年には80%を超え，最新のデータである2015年末の82.8%（10,018万人）に達している[2]．このように，インターネットの普及率はすでにかなりのレベルに達してほぼ飽和状態であり，今後はますますインターネットの活用方法とその内容が問われる時期に入っている．

従来，インターネットは若年層やビジネス層を中心に利用されてきたが，普及が進み，近年では幅広い年齢層で利用されている．ただし，年齢層によってインターネットの利用率にはある程度のバラツキがみられる．

インターネット利用率（年齢別）について，2012年末から2014年末までの3カ年の推移をみると，13歳以上50歳未満はいずれの年も90%超と，利用が非常に進んでいる．また，6〜12歳は7割程度だが，この世代の利用率の動向

---

2　総務省（2015）『平成27年版　情報通信白書』p.369

も注目される．

一方，2014年末における50～65歳未満の利用率をみると，利用率は50歳代で90%以上，60～64歳で80%以上，65～69歳で70%弱と着実に増加している．70～75歳では4年前と比べて10ポイント以上増加して50%を超えている．

このように，13～59歳が9割を超えて飽和状態であるのに対して，今後も，60歳以上のインターネット利用率は伸びていくことが予想される．

### (2) 接続回線

インターネットは，自宅・職場・学校など，さまざまなところで利用されている．近年では，電話回線やISDN回線による数十kbpsの通信回線であるナローバンドに代わって，高速・高品質のブロードバンド回線での接続が普及している．ブロードバンドとは，高速な通信回線の普及によって実現されるコンピュータネットワークと，そのうえで提供される大容量のデータを活用した通信サービスのことである（有線と無線通信があり，概ね500kbps以上の通信回線を指す）．

FTTHやCATVインターネットなどの超高速ブロードバンド利用可能世帯率は2009年3月末には90%を超え，2014年3月末には99.9%（利用可能世帯数5,553万世帯）に達している[3]．

最近顕著になってきているのは，家庭内無線LANの普及である．2013年末には，家庭で無線LANを利用している世帯は全体の54.4%になっている[4]．インターネット接続回線別にみると，ブロードバンド回線とナローバンド回線のどちらの回線接続においても6割以上の世帯で利用されている．また，特に注目されるのは，スマートフォンとタブレット端末保有世帯の6割以上が家庭内無線LANを利用している点である．

ブロードバンド化の進展で大容量コンテンツの提供が可能となり，動画など

---

3 総務省（2015）『平成27年版 情報通信白書』p.379
4 総務省（2014）「平成25年通信利用動向調査の結果」p.6

のリッチコンテンツの提供がますます拡がっていくであろう．

## (3) 情報通信機器

情報通信機器の保有状況（図表1-4）をみると，保有率の高いものから「携帯電話・PHS」（94.6%），「パソコン」（78.0%），「固定電話」（75.7%）となっている（2014年）．

情報通信機器は多様化しており，2010年から調査対象に加えられた「スマートフォン」は，当初の9.7%から2011年末には29.3%，2012年末には49.5%，2014年末には64.2%と急速に伸びている．また，「タブレット型端末」は，前年より4.4ポイント増えて26.3%に上昇している．

利用端末ごとにインターネットの世代別個人利用で見ても，スマートフォンとタブレット端末の成長が著しい．スマートフォンは20～29歳ではおよそ9割に達しており，他の世代でも大きな伸びを見せている．また，タブレット型

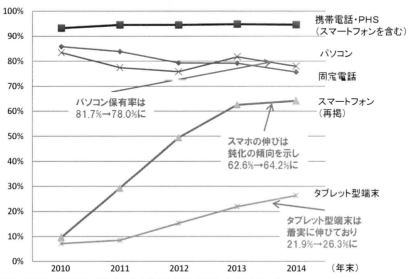

図表1-4　主な情報通信機器の世帯保有状況

出所：総務省（2015）「平成26年通信利用動向調査ポイント」p.3

第 1 部・インターネットの発展とビジネス

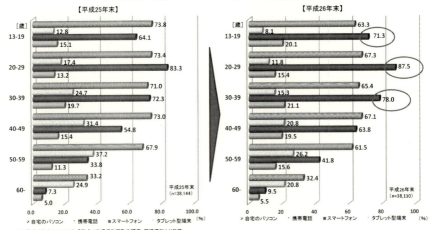

図表 1-5　インターネットの世代別個人利用の状況
30 代以下では，スマートフォンでの利用が第 1 位

出所：総務省（2015）「平成 26 年通信利用動向調査ポイント」p.2

端末もスマートフォンに次いで全世代で伸びている（図表 1-5）．

　携帯に便利なスマートフォンとタブレット端末の利用と，ブロードバンド回線や高速の携帯電話通信である LTE の普及等により，場所の制約を受けずに高速なインターネットを利用できる環境整備は着実に進んでおり，インターネットの普及はますます進んでいくであろう．

## (4) インターネット利用目的

　インターネット利用の目的・用途としては，「電子メールの送受信」が 7 割超と最大で，次いで，「商品・サービスの購入・取引」，「天気予報の利用（無料のもの）」，「動画投稿・共有サイトの利用」，「地図・交通情報の提供サービス」は 5 割超，「ソーシャルメディアの利用」も 5 割近くに上る．つまり，他者とのコミュニケーション，情報の閲覧・収集・発信，商品・サービスの購入が中心だといえる[5]．

---

5　総務省（2015）「平成 26 年通信利用動向調査結果の概要」p.9

10

年齢階層別でみると，20代など若い世代と，60歳以上でインターネットの利用目的の開きが大きいものは，「ソーシャルメディアの利用」「動画投稿・共有サイトの利用」「オンラインゲームの利用」などである．

一方，「商品・サービスの購入・取引」では開きはあるものの，20代が7割近くなのに対して60歳以上でも5割を超えている．このように，年齢層によってインターネットの利用目的にある程度違いがあることがわかる．

これまで，インターネット利用の概況について解説した．インターネットの利用や普及について，データでみることで具体的に把握できた．スマートフォンやタブレット型端末の普及状況や，インターネットの利用目的として，他者とのコミュニケーションや情報の閲覧・収集・発信だけでなく，商品・サービスの購入が伸びていることもわかった．

インターネット利用に関する概況を理解したところで，次に，「コミュニケーション」，「ライフスタイル」，「ワークスタイル」別に，情報化が我々の生活にどのような影響を与えているかを探っていくこととする．

(5) インターネットの検索技術・サービス

インターネットの検索技術とサービスは，ますます変化するとともに進化を遂げている．

Web上の検索対象が従来のテキストから，ブログ，ニュース，地図，書籍，静止画，動画などに拡大している．検索技術は急速に高度化し，また操作性が向上しており，マッシュアップによる多彩なサービスが提供されている．

2000年代にはさまざまな検索エンジンが開発され，競い合っていたが，生き残っているものはGoogle，マイクロソフト社のBingなどに集約されてきている．ただし，中国語圏では，百度（Baidu）が独自の地位を占めている．

世界の検索エンジンのシェアについてはさまざまな調査会社が調査結果を報告しているので一概には言えないが，一般的には，Googleが9割と圧倒的なシェア1位で，次いでマイクロソフト社のBing，ヤフー社のYahoo!，中国の

百度（Baidu）がそれぞれ一桁台である．

一方，日本ではYahoo!がインターネットの黎明期からサービスを続けており認知度が非常に高いため，Yahoo!のシェアはかなり高いといわれている．ただし，日本のYahoo! JapanはGoogleの検索技術を導入しているといわれている．

ところが，ここに来て変化がおきている．スマートフォンやタブレット端末の急速な普及にともない，それに搭載されるさまざまなアプリケーション（アプリ）から検索する人が増えている．そのため，GoogleやYahoo!などの検索エンジン大手にとっては，広告収入の面に影響を与えている．

今後，ウエアラブル端末など新しい端末の利用が広がっていく中で，どのような検索技術・サービスが利用されるのかが注目される．

## 1.1.3　コミュニケーションの変化

(1)　コミュニケーションのあり方

情報化の進展は，我々のコミュニケーションのあり方にも変化をもたらしている．スマートフォンやタブレット端末の普及と，従来のメールに加えて，SNSや無料チャット・通話アプリの浸透により，インターネットを通じたコミュニケーションが手軽で便利になっている"光"の面がある一方で，インターネット上での誹謗中傷やトラブルの発生など，"影"の面もあらためて浮き彫りになっている．

インターネット上でのコミュニケーションに対してどういった意識がもたれているのかをみてみよう．

総務省『平成23年版　情報通信白書』によると，ネットと現実世界における意識や行動の違いについて「あてはまる」と「あてはまらない」の2択で回答させた調査結果が紹介されている．それによると，多くの人が「あてはまる」と回答した上位3つは，「ネット上での付き合いのほうが現実世界より関係の遮断が容易である」(63.6%)，「ネット上のほうが現実世界より，いいたいことが言える」(60.3%)，「ネット上のほうが現実世界より，年齢・職業などに関係ないフラットな付き合いができている」(58.3%)である．ネット上でのコ

ミュニケーションの障壁は低いと考えられている．

一方で，「ネット上のほうが現実世界より，その場の雰囲気で行動（発言）することが多い」(48.3%)，「ネット上のほうが現実世界ほど深く考えずに行動（発言）している」(48.2%) などが半分近くを占めており，軽率に行動（発言）する傾向が比較的大きいことがわかる．また，「ネット上は匿名で行動（発言）している限り，現実の自分とは関係が無い」(24.8%) もおり，4人に1人はトラブルを引き起こす可能性がある点は注意が必要である．

インターネットがますます手軽に使えるようになり，情報モラルや情報リテラシーをよく理解しない利用者が増えていることを考えると，潜在的なトラブルの発生可能性は高くなっていると思われる．

コミュニケーションにおけるインターネット利用としては，「メールの受発信」が中心であった．インターネットの「サイトの閲覧」も多いが，以前は「書き込み」はそれほど増えていなかった．

しかし，マイクロブログ（例：Twitter）やSNS（例：Facebook），無料通話・チャットアプリ（例：LINE）などソーシャルメディアの登場・普及により，状況は変化しており，閲覧するだけでなく自ら発信を積極的に行う動きが生まれている．年代別にみると，パソコンは20代・30代，携帯電話は10代・20代が他の年代に比べて閲覧系・発信系ともに利用が活発である．また，発信系に着目すると，10代・20代においては，パソコンと携帯のいずれも「SNSに書き込む」割合が高い．

それでは，人々の間では，どのようなツールを使ったコミュニケーションが多く，また，人々はそのツールの特性やメリット・デメリットを理解して使用しているのだろうか．例えば，Twitterの利用目的を見ると，「自分の興味・関心のある情報を伝えたいから」(48.0%)，「自分の近況を伝えたいから」(41.1%)，「自分の興味・関心のある情報を知りたいから」(34.3%) が上位3位になっており，自己の関心・状況を発信することに重点がおかれている．ブログやSNSでも同様の傾向がみられることから，自らを知ってもらいたい，そして交流したいという欲求が高まっていると思われる．

## (2) ソーシャルメディアの普及

インターネットの世界で最も注目されているコミュニケーション手段が，ソーシャルメディアである．

ソーシャルメディアの利用目的を2012年度末と2013年度末とで比較すると，2013年度末では「従来からの知人とのコミュニケーションのため」が過去1年間で13.5ポイント増の75.5%と大幅に上昇して1位となった．一方，2012年度末で1位だった「知りたいことについて情報を探すため」は27.6ポイント減の37.0%で2位に後退した．

また，2013年度末の調査では，同調査から調査対象の「ひまつぶしのため」が29.7%，「同じ趣味・嗜好を持つ人を探したり交流関係を広げるため」が21.8%と比較的高い[6]．

このように，ソーシャルメディアは，情報収集の手段から交流を広げ・深める手段として，ますます重要性を増している．

### 1.1.4 ライフスタイルの変化

情報化の進展は，我々の日常生活にどのような影響をもたらしているのだろうか．インターネットの利用が増加する中で，家族や友人と連絡を取る頻度や，対面で話す時間は変化しているのか．また，生活のどのような場面でインターネットを使うようになり，時間の使い方などが変化したか，についてみていくこととする．

## (1) 情報源としての利用と信頼性

総務省『平成23年版 情報通信白書』では，知りたい情報ごとにその入手手段についての調査を行っている．それによると，2005年はテレビが中心で雑誌や新聞が続くが，「パソコンのWebサイト」の利用率は10～20%にとどまっていた．しかし，2010年では「パソコンのWebサイト」が10～30%と

---

[6] 総務省（2013）「平成24年通信利用動向調査結果の概要（世帯編）」p.99
　総務省（2014）「平成25年通信利用動向調査結果の概要（世帯編）」p.85

大幅に上昇している．特に「ショッピング，商品情報」，「旅行，観光情報」では，利用率がテレビを抜いて最高となっている．パソコンは半数以上の項目で上位3位以内となっており，情報の入手手段として広く定着していることがわかる．

インターネットは，さまざまな情報を入手する手段として存在感を高めている．例えば，情報源としてインターネットが重要だと考える人は，2005年時点で41.4%だったのが，2010年には61.4%と20ポイントも増加している．ただし，どの程度信頼されているかについては留意する必要がある．

テレビや新聞に対する信頼性については大きな変化がみられなかったが，インターネットの信頼性は5年間で11.2ポイント増加している．しかし，テレビ（63.3%）や新聞（72.7%）の半分にも満たない28.9%にしか過ぎず，信頼性が高い情報源として認識している人はまだ多くないといえる．その理由としては，インターネットで提供されている情報は，テレビ局や新聞社など社会的信用が比較的高い組織だけでなく，個人が匿名で発信しているものも多く，なかにはデマも少なからずあると思われていることが考えられる．なお，インターネットの信頼性について掲載している『平成27年版　情報通信白書』においても，同様の傾向がみられている．

## (2) 購買での利用

インターネット利用者が増加するにつれ，購買行動にも変化がみられる．インターネットショッピングの利用者は年々増加しており，2010年には約9,500万人に達している．また，インターネットショッピングの利用率は，2002年の20.8%から10年間で36.5%（2010年）へと1.5倍に増加し，2015年には72.2%に達した[7]．これは，ブロードバンドの利用者数の伸びとも関係している．

2014年度末の総務省の調査結果をみると，依然として，デジタルコンテンツよりは，商品・サービスなどの購入の比率が全般的に高いことがわかる[8]．

---

7　総務省（2015）『平成27年版　情報通信白書』p.84
8　総務省（2015）「平成25年通信利用動向調査の結果（概要）」p.9

インターネットを経由した商品・サービスの購入・取引については，品目によって利用年齢階層に差がみられ，若い年齢階層の方が商品・サービスの購入率が高い傾向にある．特にデジタルコンテンツの購入のなかでも，音楽やゲームなどは若い年齢階層の方が高い．

### (3) 高齢者が利用したいサービス

総務省『平成25年版 情報通信白書』では，「高齢者 (65歳以上)」と「高齢者予備軍 (40～64歳)」のそれぞれが利用したいICTサービスを尋ねている．

その結果をみると，健康・医療・介護関係のICTサービスでは，高齢者よりも高齢者予備軍の方がサービスの利用意向は比較的高い傾向にあった．ただし，その内容をよくみると，ロボットの利用について高齢者の利用意向は比較的低いが，「歩数計や血圧計のデータをインターネットで送って専門家がアドバイス」，「テレビ電話やインターネットで有名医師の手術が受けられるサービス」，「インターネットで健康状態に合わせた運動メニューの提示や継続的な体質改善のアドバイス」など，ICTの使いこなしの難易度が低いものについては，高齢者の利用意向は高齢者予備軍と同等であることがわかった．

交流・買物・移動関係のICTサービスでは，「子や孫と写真やビデオレターをインターネットで送るサービス」や「高齢者が安全に運転できる機能を持つ自動車」については，高齢者予備軍より高齢者の利用意向は高かった．

安全・安心やスキルアップ関係のICTサービスでは，「災害情報を自宅に知らせてくれるサービス」や「パソコンやインターネットの使い方を教えてくれるサービス」は，高齢者の方が高齢者予備軍よりも利用意向が高かった．

こうしてみると，高齢者は，ロボットなどが関係するサービスについては親しみがないこともあるためか，少し敬遠しがちだが，利用するICTサービスの内容がシンプルで健康維持に実用的なものや，子・孫とのコミュニケーションのためのサービスには関心が高いことがわかる．

## 1.1.5 ワークスタイルの変化

インターネットの普及により変化が生じているのは，コミュニケーションや

ライフスタイルだけでなく，ワークスタイルも同様である．モバイルインターネットやクラウドコンピューティング，情報セキュリティの発達・普及によって，ワークスタイルはどのように変わってきているのであろうか．

## (1) 採用活動と情報化

学生時代に情報の活用が求められる局面として，就職活動がある．新入社員を対象に行った，就職活動に利用した情報源の調査で，2001年と2013年を比較したところ，就職活動に利用した情報源に大きな変化はなかった．

しかし，2001年と比較すると，2013年の調査では「インターネットの就職関連サイト」をあげた人は約1割増加しているが，一方で「民間情報会社が発行する就職情報誌」をあげた人は約1割低下している[9]．

最近では，企業はソーシャルメディアを活用した採用活動を展開しており，学生にとっては，Webサイトを検索するだけでなく，企業のソーシャルメディアを利用する能力が必要になってきている．また，採用面接が進む段階で，学生がソーシャルメディアにどのような投稿をしているかを，企業の人事部門が確認する場合がある．その際，過去に自分のソーシャルメディアに不適切な投稿をしていれば，採用活動に悪影響が及ぶということもいわれている．

このように，学生は採用活動において，Webサイトに加えてソーシャルメディアを使いこなして情報収集を行うとともに，普段からソーシャルメディアの適切な運用を行うといった情報リテラシーが必要とされている．

一方，企業側にとっても，採用活動でソーシャルメディアの魅力的な活用を実現できるかどうかは，優秀な学生の募集に少なからず影響すると思われる．

## (2) 2種類の「テレワーク」

実際に仕事をしている人のワークスタイルは，情報化によりどのように変化しているだろうか．情報通信技術の普及によってワークスタイルに大きな影響を及ぼしているひとつの象徴的な例が，テレワークである．

---

9 総務省（2015）『平成27年版　情報通信白書』p.65

テレワークとは,「情報通信技術を活用した場所や時間にとらわれない柔軟な働き方」であり,「少子化・高齢化問題等への対応（育児・介護と仕事の両立等）」,「ワーク・ライフ・バランス」,「生産性の向上」,「環境負荷軽減」,「危機管理」などの点から注目されている．特に，2011年3月の東日本大震災で通勤が困難となる事態が発生してからは,「事業の継続性」や「電力供給不足に対応した節電対策」という観点からも大きく見直されている．

テレワークは，企業などに雇用されている人が在宅で勤務する「在宅勤務」と，企業に雇用されず個人事業主としてITを使って主に自宅で仕事をする「在宅ワーク」の2つに大別できる．

①**在宅勤務**

このように期待されているテレワークのなかで，まずは在宅勤務について，どれほどの企業がこの形態を採用しているのかをみていく．テレワーク（在宅勤務型）の普及状況に関する調査結果をみると，2014年末の普及率は11.5%で，期待されたほど普及してはいない．ただし，資本金規模別に導入状況をみると，資本金規模の大きさと導入率は概ね比例関係にあり，資本金50億円以上では50.9%の導入率である[10]．

2013年末の調査結果からテレワークの主な導入目的をみると,「定型的業務の効率性（生産性）の向上」が45.9%と最も多く，次いで「勤務者の移動時間の短縮」(44.0%),「非常時（地震，新型インフルエンザ等）の事業継続に備えて」(23.3%)となっている．

テレワークを導入している企業についてテレワークの効果についてみると,「非常に効果はあった」,「ある程度効果はあった」を合わせて8割以上の企業がその効果を認めている[11]．

②**在宅ワーク（クラウドソーシングを含む）**

テレワークのもうひとつのタイプである「在宅ワーク」は，2012年頃から「クラウドソーシング」がブームとなって脚光を浴びている．

---

10　総務省．(2015)「平成26年通信利用動向調査の結果（概要）」p.21
11　総務省．(2014)「平成25年通信利用動向調査結果の概要（企業編）」pp.40-41

「クラウドソーシング」とは，クラウドソーシング事業者が提供するインターネットのプラットフォームを通して，"不特定多数（群衆＝crowd）"に業務を"発注（outsourcing）"するインターネット上の仕組みのことである．

クラウドソーシングは1990年代末頃から欧米諸国ではじまり，特に2008年のアメリカの金融危機後に欧米諸国を中心に急成長している．日本でも2012年頃から一気に認知が進み，参入企業も急増している．クラウドソーシングサービスの流通金額規模（仕事依頼金額ベース）は，2013年度が215億円，2014年度が408億円であり，そして2018年度には1,820億円と達する，という市場推計もある[12]．また，大手クラウドソーシング事業者の発表値を単純合計すると登録者数は200万人超で，仕事の発注を検討・実施している登録企業は数十万社にのぼるという．

クラウドソーシングの登場により，在宅ワークは「育児中の母親が，自身でパソコンを使って行う内職的な仕事」という旧来のイメージが大きく変わり，求職中の若者やシニア層の"働く機会の創出"に役立つとして，在宅ワークにあらためて注目が集まっている．

今後，クラウドソーシングを含む「在宅ワーク」は，働く者にとっては雇用が流動するなかでの新たな働き方の手段として，また，企業にとっては新しいアウトソーシングの手段として拡がっていくかどうかをみていく必要があろう．

以上みてきたように，コミュニケーション，ライフスタイル，ワークスタイルと，さまざまな局面でインターネットの影響は増している．そのような変化を踏まえて，情報化社会を歩んでいくことが我々には求められている．

【発展学習のポイント】
1. 少子高齢化社会と情報化にはどのような関係があるのだろうか．また，少子高齢化社会において，情報化はどのような役割を果たせるだろうか．
2. 「情報化社会の基礎データ」は，自身の生活実感にあっているだろうか．何があっていて何があっていないのだろうか．その理由はなんだろうか．
3. インターネットの進化と浸透は，我々の仕事や生活にどのような影響を及ぼしているのだろうか．身近な例を思い起こしながら，具体的に考えてみよう．

---

12　総務省（2015）『平成27年版　情報通信白書』p.216

# 2. IT政策とIT産業の動向

本章では，2000年以降の日本におけるIT（Information Technology）政策の動きと，IT産業の現状およびこれから成長が見込まれる分野について取り上げる．

## 2.1 日本のIT政策

### 2.1.1 IT政策の変遷

1990年代以降，インターネットの進化と普及が進むなかで，IT産業が成長産業であり，すべての産業の革新の後押し，さらに国民生活の向上に大きく寄与するという期待から，先進国間を中心にIT競争が繰り広げられている．日本では，2000年頃から，政府の政策としてIT戦略を掲げて取り組むようになった．2000年頃からの日本のIT戦略の流れは，図表2-1のように整理できる．

日本政府は，高度情報通信ネットワーク社会の形成に関する施策を迅速かつ重点的に推進することを目的に，2001年1月に「高度情報通信ネットワーク社会形成基本法（IT基本法）」を施行し，内閣に「高度情報通信ネットワーク社会推進戦略本部（IT戦略本部）」を設置した．

日本のIT戦略は，このIT基本法施行とともに開始した．「5年以内に世界最先端のIT国家になる」ことを目標とした2001年1月の「e-Japan戦略」，2003年7月の「e-Japan戦略Ⅱ」では，ブロードバンドインフラの整備に注力

## 2・IT 政策と IT 産業の動向

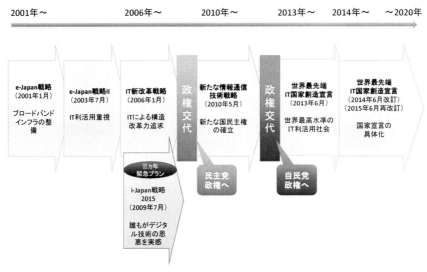

図表 2-1　日本の IT 戦略の変遷

出所：筆者作成

し，IT の利活用の促進に向けた戦略を策定した．

しかし，国民・社会全般においてまだ十分な IT の利活用が進んでいるとはいえないため，2006 年 1 月の「IT 新改革戦略」では，医療・行政・人材育成・研究開発等の 15 分野の IT 利活用の促進に向けた戦略を策定した．さらに，三ヵ年の緊急プランである 2009 年 7 月の「i Japan 戦略 2015」では，行政・医療・教育の 3 分野に重点を置いた戦略を策定した．

その後，2010 年の自民党から民主党への政権交代にともない，それまでの IT 戦略は 2010 年 5 月に策定された「新たな情報通信技術戦略」にとって代わられた．

### 2.1.2　IT 政策の現状

2012 年 12 月の自民党への政権交代により，IT 戦略があらためて見直された．2013 年 4 月には，IT に関する政府全体の戦略について総合的にとりまとめる司令塔として「IT 戦略本部」の呼称を「IT 総合戦略本部」と変更し，

「世界最先端IT国家創造」に向けた新たなIT戦略の検討が進められた．

そして，世界最高水準のIT利活用社会の実現に向けて，日本全体が共有・協働し，IT・情報資源の利活用により未来を創造する国家ビジョン「世界最先端IT国家創造宣言」を2013年に決定した．さらに，2014年6月と2015年6月に，それぞれ宣言と工程表の改訂案を作成している．

2020年までに世界最高水準のIT利活用社会の実現とその成果の国際展開・国際貢献を目指して，2015年6月の再改訂では，次の4本柱に取り組むとしている．

- IT利活用の深化により未来に向けて成長する社会
- ITを利活用したまち・ひと・しごとの活性化による活力ある社会
- ITを利活用した安全・安心・豊かさが実感できる社会
- ITを利活用した公共サービスがワンストップで受けられる社会

このように，時代の変化に応じた内容の更新を図っている．

**図表2-2　世界最先端IT国家創造宣言及び工程表　改訂（案）概要**

### 1. IT利活用の深化により未来に向けて成長する社会
⇒目標：国・地方を通じたIT化を促すための制度整備
- 新たなIT利活用環境の整備
- IT利活用の裾野拡大を阻害する規制・制度の見直し
- 公共データの民間開放（オープンデータ）の推進

### 2. ITを利活用したまち・ひと・しごとの活性化による活力ある社会
⇒目標：地方の雇用創出と地域経済活性化
- 地方創成IT利活用促進プランの推進
- 起業家精神の創発
- 雇用形態の多様化とワーク・ライフ・バランスの実現

### 3. ITを利活用した安全・安心・豊かさが実感できる社会
- 適切な地域医療・介護等の提供，健康増進等を通じた健康長寿社会の実現　⇒目標：2020年までに国民の健康寿命を1歳以上延伸
- ITを利活用した日本の農業・周辺産業の高度化・知識産業化と国際展開　⇒目標：農林水産物輸出1兆円
- 世界で最も安全で環境にやさしく経済的な道路交通社会の実現　⇒目標：2020年代後半以降に完全自動走行システム試用開始

### 4. ITを利活用した公共サービスがワンストップで受けられる社会
- マイナンバー制度の活用推進　⇒目標：個人番号カードの普及
- 国・地方を通じた行政システムの改革　⇒目標：自治体システムの運用コスト3割減

出所：「世界最先端IT国家創造宣言及び工程表　改訂（案）概要」平成27年6月30日，p.2より抜粋

## 2.2 IT 産業の概況

### 2.2.1　IT 産業の現状

　2013 年の情報通信産業の市場規模（名目国内生産額）は全産業 942.3 兆円の 8.7% を占める 82.2 兆円で，全産業のなかで最大規模の産業といえる．次に大きい産業が，卸売業の 6.2%，建設の 6.1%，輸送機械の 5.3% であり，情報通信産業がいかに大きいかがうかがえる．

　情報通信産業の実質 GDP（国内総生産）における 1995 年から 2013 年までの年平均成長率は，3.6% であった．実質国内生産額でみると，他の産業が長期的には横ばいか減少しているなかで，ゆるやかに成長してきたといえる[1]．

　情報通信産業の市場規模について実質国内生産額の比率で大きいものとしては，「通信業」，「情報サービス業」，「情報通信関連サービス業」，「研究」などがある．このなかで，徐々にではあるがシェアを伸ばしているのは，「情報サービス業」や「情報通信関連サービス業」といったサービス系である．さらに，まだシェアは小さいが伸びてきているものとして，「インターネット附随サービス業」がある．このように，情報通信産業のサービス産業化が進んでいる．

　1995 年から 2013 年の情報通信産業の雇用者数の推移をみると，2000（平成 12）年の 404 万 2000 人が最大だが，IT バブルの崩壊により，その後は一時的に減少傾向にあった．2004 年頃からは持ち直して，横ばいまたは微増が続いており，2013 年には 404 万人まで回復を果たした．分野としては，情報サービス業が最大の比率を占めており，その傾向は続いている[2]．

　次に，情報通信産業の全産業における経済波及効果についてみてみる．産業部門に着目して，その生産活動が国内産業にもたらす経済波及効果をみる「生

---

[1] 総務省（2015）『平成 27 年版　情報通信白書』p.342
[2] 同上，p.345

産活動の経済波及効果」の観点からは，情報通信産業の付加価値誘発額は 2013 年で 88.5 兆円，雇用誘発数は 765.8 万人[3] と，全産業のなかで最大規模である．

このように，情報通信産業は，日本のみならず世界中のどの先進国にとっても国の経済を牽引する産業であるとともに，他の産業の成長に大きな役割を果たすことが期待されるきわめて重要な産業である．

## 2.2.2　IT 産業の動向

総務省・経済産業省「平成 27 年情報通信業基本調査」によると，情報通信業を営む企業（主業か否かを問わず少しでも情報通信業を営んでいる企業のこと）の数は，5,400 社であり，2014 年度の売上高は 44 兆 5,651 億円である．

前年度と比較すると，企業数は約 240 社減少しているが，売上高はほぼ横ば

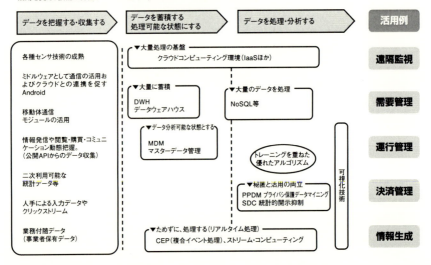

図表 2-3　ビッグデータ活用のイメージ

（出典）情報通信審議会 ICT 基本戦略ボード「ビッグデータの活用に関するアドホックグループ」資料
出所：総務省（2012）『平成 24 年版　情報通信白書』p.155 より一部修正し作成

---

[3] 総務省（2015）『平成 27 年版　情報通信白書』p.256

いである.情報通信業の売上高の多くを占める業種は,「電気通信業」,「ソフトウェア業」,「情報処理・提供サービス業」の3業種で,全体の約8割弱を占めている.なかでも,ソフトウェア業の企業数は減少しているが,売上高は伸びている[4].

## 2.2.3 今後の成長が見込める分野

今後,日本で成長が見込まれている分野として,「世界最先端IT国家創造宣言」などとの関係を踏まえて,次を紹介する.

### (1) ビッグデータの活用とIoT関連ビジネス

前述の「世界最先端IT国家創造宣言」で最初に取り上げられていたのが,ビッグデータの活用である.

ビッグデータとは,ITの進展によって日々生成・記録される多種多様で膨大なデータのことを指す.これまでビッグデータは,ネットショッピングやソーシャルメディア等のウェブサービス分野において活用されてきたが,今後はさらにGPSなどのセンサーデータ等さまざまなデータを掛け合わせて収集・分析することで,利用者個人のニーズにあったサービスの提供だけでなく,犯罪や交通渋滞などの社会問題の解決等の効果も期待されている.特に,近年のIoT(モノのインターネット)の普及により,多様で膨大なデータの収集と蓄積・分析が可能となり,さらに,AI(人工知能)の進化により,分析したデータから新たなビジネスにつながる価値を生み出す(見つけ出す)判断の高度化や自動制御が進んでいる.

IDC Japanの調査によると,国内のビッグデータテクノロジー市場規模は,2014年で前年比約4割増の約450億円であり,2014~2019年までの年間平均成長率は約300%で,2019年には約1,500億円に拡大すると予測している[5].

---

4 総務省・経済産業省「情報通信業基本調査速報 —平成26年度実績—」p.1,3
5 IDC Japan (2015年5月21日)「国内ビッグデータテクノロジー/サービス市場 企業ユーザー分析結果および市場予測を発表」(http://www.idcjapan.co.jp/Press/Current/20150521Apr.html)

『平成27年版　情報通信白書』によると，米市場調査会社IHS Technologyは，インターネットにつながるモノ（IoTデバイス）の数は，2013年時点で約158億個だが，2020年には3倍以上の約530億個に増加すると推計しているという．また，米国調査会社Gartnerは，2014年から2020年の間に，ネットワーク接続機器として，「一般消費者向け製品」は5.9倍の約132億個，「産業分野」は6.3倍の約83億個，「自動車分野」は18.5倍の約35億個にまで増加すると推計している[6]．

このような飛躍的な成長を支えているのは，社会的なニーズの増大と同時に，デバイスやネットワーク，システム，アプリケーションのコストの低廉化と高機能化である．

IDCは，世界のIoT市場規模は，2014年の約6,500億ドルが，2020年には2.5倍を超える1.7兆ドルになると推計している[7]．

今後，民間・公共分野を問わず，ビッグデータやIoTによる新たなIT産業の拡大が見込まれる．

### (2) テレワークの推進

前述の「世界最先端IT国家創造宣言」の「2. 健康で安心して快適に生活できる，世界一安全で災害に強い社会」で説かれているように，日本社会のこれからの雇用形態の多様化とワーク・ライフ・バランス（「仕事と生活の調和」）の実現のために注目されているのが，テレワークの推進である．

少子高齢化社会が進むなかで労働力が不足しているというだけでなく，2011年3月11日の東日本大震災の時の経験が大きく影響し，BCP（業務継続計画）や環境負荷軽減における有効な手段としてテレワークが注目されてきた．

「世界最先端IT国家創造宣言」では，就業を継続することが困難となる子育て期の女性などを対象に，終日在宅業務を週1回以上できる雇用型在宅型テレワークの推奨モデルを産業界と連携して支援し，2016年までの本格的な構

---

6　総務省（2015）『平成27年版　情報通信白書』p.292
7　同上 p.294

築・普及を目指すとしている．また，2020年にはテレワーク導入企業を2012年度比で3倍，週1日以上終日在宅で就業する雇用型在宅型テレワーカー数を全労働者数の10%以上にすることを目標としている．このように，今後のテレワークビジネスの拡大が見込まれる．

### (3) 公的サービスにおけるIT導入の推進

前述の「世界最先端IT国家創造宣言」で「公共サービスがワンストップで誰でもどこでもいつでも受けられる社会の実現」と説かれているように，利便性の高い電子行政サービスの提供，国・地方を通じた行政情報システムの改革，政府におけるITガバナンスの強化に関連したITサービス分野の拡大が見込まれる．公的サービスにおけるIT活用レベルは先進国のなかで日本はまだ低く，今後の改善余地の大きい分野といえる．

そのなかでも，注目されているのが，社会保障・税金等の業務に利用する共通番号制度である「マイナンバー制度」に関連したビジネスである．この制度の成立により，年金・医療・税金に関する情報が一括管理されることで，税金逃れの防止や行政コストの削減が期待される．また，利用側としても，税金納付等の各種手続きの簡略化につながる点が利点とされている．一方，個人情報保護やプライバシーの保護等は重要な課題となっている．

2015年秋頃から国民全員にマイナンバーが記載された「通知カード」が郵送され，希望者には氏名，住所，顔写真などを記載したICカードが配布される．そして，2016年から順次，社会保障，税，災害対策の行政手続でマイナンバーが必要になる．

マイナンバー法に関連して，システム構築等のIT需要が大幅に増加すると見られている．この市場は3兆円規模ともいわれており，これから数年間は，マイナンバー法に関連したITビジネスの拡大が見込まれる．

### (4) ロボット（ロボティクス）／AI関連ビジネス

1980年代以降，日本では自動車や電気電子産業などの製造現場を中心に早くからロボットの導入が進み，現在にいたるまで産業用ロボットの出荷額と稼

働台数共に世界トップである．さらに，近年はサービス業から，介護・医療，災害対策など，様々な分野に急速に広がっている．これを，AI（人工知能）の進化が大いに後押ししている．

日本政府の「ロボット新戦略」[8]（2015年1月23日）では，ロボットの市場規模を2015年時点で製造業は6,000億円，サービスを中心とする非製造業は600億円とみている．そして，2020年には，製造業は2倍の1.2兆円，非製造業は20倍の1.2兆円で，合計2.4兆円の産業に成長させることを目標に掲げている．また，経済産業省の「ロボット産業市場動向調査結果」（2013年7月18日公表）では，ロボット市場は2012年には8,600億円だが，2025年に5.3兆円，2035年には9.7兆円に拡大すると予測している．中でも，サービス分野は，2035年には全市場の7％弱だったのが，2035年には5割を超えると見ている．

図表2-4　ロボットの分野

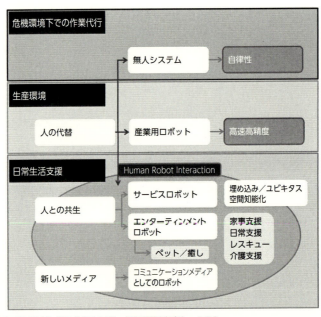

出所：総務省（2015）『平成27年版　情報通信白書』p.192

[8] 経済産業省「ロボット新戦略」（http://www.meti.go.jp/press/2014/01/20150123004/20150123004.html）

ロボット産業は，裾野が広い産業であり，また，各産業の労働生産性の向上にも大きく寄与することが期待できるので，今後も投資が進み，さらに成長を続けると思われる．

## (5)「クールジャパン」ブームによる産業のグローバル化のIT支援ビジネス

「クールジャパン（Cool Japan）」とは，一般的に「海外でクール（かっこいい，素敵な）と思われている日本の商品やサービスの総称」といわれている．この言葉は2000年代半ばから使われていたが，2020年の東京オリンピック・パラリンピックの開催決定により，あらためてブームになっている．

この「クールジャパン」ブームの影響もあり，日本のアニメやテレビの動画配信や，ゲームのオンライン化の進展で，これまで言語の問題や流通網の未整備の問題で海外進出が足踏みしていた日本のコンテンツ産業のグローバル化が進んでいる．

従来から人気はあったものの，無料動画配信サイトなどで違法に配信されるなどの問題があり，人気のわりには日本企業の収益にあまり貢献できていなかったが，ネットワークとシステムの高度化により，海外への配信のインフラ整備が進んでいる．

また，従来は国内消費が中心だった地方の伝統的工芸品が，ソーシャルメディアの普及で世界中に知られて注文が舞い込むことが増えるなど，思わぬ産業のグローバル化にも貢献している．

また，「クールジャパン」効果もあり，訪日外国人の数が2,000万人近くに達し，「爆買い」といわれる外国人観光客の大量消費も注目されており，日本経済の底上げの要因の一つになっている．この訪日観光を促進するために，全国の観光地等のWi-Fi網の整備や，各自治体の観光情報のポータルサイトでの提供，各地の観光アプリの開発など，ITの活用によりスムーズな観光が可能になるようなITサービスのニーズはますます高まっている．

第1部・インターネットの発展とビジネス

《発展学習のポイント》
1. 日本のIT政策の特徴と，現在の重点ポイントはなんだろうか．また，その課題はなんであろうか．
2. 日本のIT産業の特徴と課題はなんだろうか．
3. 今後の成長が見込まれるのはどのような分野で，それはどうしてか．そして，どうすれば成長を維持できるのだろうか．

# 3. eビジネスの基本

インターネットの発展にともない，ビジネスにおいてもインターネットが活用されるようになっている．本章では，eビジネスとはどのようなものなのかを説明し，その発展にはどのような要因があり，いかに発展してきたかを考察する．

## 3.1 eビジネスとは

eビジネス[1]とは，インターネットビジネス，ネットビジネスともいう．ネットワーク化された技術を利用することにより，モノ，サービス，情報および知識の伝達と交換を効率的・効果的に行うビジネス等の活動のことである．

ビジネスのなかのいずれかが電子化され，ネットワークが利用されていればeビジネスである．電子商取引（eコマース）は，そのなかのひとつである．従来のビジネスにおいては，製品や企業，運営いずれにも実態（リアル）が存在したが，eビジネスにおいては，部分的またはすべてが電子化され，インターネット上で行われている．

①情報交換

インターネットをビジネスに活用する際の活用方法のひとつめは，顧客への

---

1 「eビジネス」という呼び方は，IBM元会長のLouis V. Gerstnerが1997年に提唱した「e-business」がもととなっているが，普遍的な定義は特には存在しない．

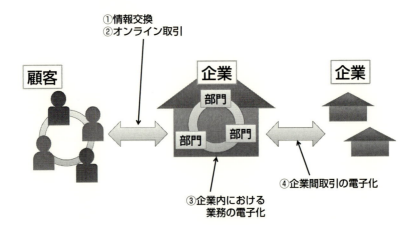

図表3-1　インターネットビジネスの全体像

情報提供である．ここでは，企業や商品，サービスについての情報をインターネット上のWebサイトやメールなどを通して伝える．また，顧客と企業のやりとり，顧客間でのやりとりもインターネット上で行われる．

②オンライン取引

商品の注文・受注・決済などをインターネット上で行う．郵送による商品の受け渡しのほか，デジタルコンテンツについては商品そのものもインターネット上で提供する．

③企業内における業務の電子化

企業内で管理する取引情報や顧客情報をはじめとした多様な情報がインターネットを用いて一括して管理可能となる．

④企業間取引の電子化

同業の企業間の連携，さらにサプライチェーン上にある販売業者や仕入れ先，製造業者，物流業者などの企業が情報をインターネット上でリアルタイムに交換・共有して連携することで，効率的な取引が可能となる．

## 3.2 eビジネスの歴史と普及の背景

インターネットの普及以前から，電子商取引は行われていた．その時代から，いかにインターネットがビジネスにおいて活用されるようになったのか，その背景を明らかにする．

### 3.2.1 インターネットの発展以前の電子商取引

インターネットが普及する前からパソコンの利用は始まっており，企業間では主にコンピュータ間でやり取りが行われていた．そのやり取りのことをEDI（Electronic Data Interchange）という．EDIでは，取引のためのデータを，通信回線を介してつながれたコンピュータ間でやりとりする．開かれたネットワークであるインターネットとは違い，企業間の専用の閉じたネットワークで接続する．

### 3.2.2 インターネットの商用利用の変遷

インターネットは，もともと研究機関のネットワークとして生まれたものである．それが商用で利用されるようになったのは，アメリカでは1988年，日本では1992年のことだった．この段階では，インターネットを利用した電子商取引やメールのやりとり，Webサイト運営などが開始された．

商用利用が開始されてから現在に至るまで，eビジネスは急激に普及し，発展している．IT産業の発展にともないネットワーク環境が整備され，インターネットが急速に人々に普及した．IT技術の進展により効率的に情報管理などが行えるようになっている．また，スマートフォンなどのモバイル端末が登場し，一般の人々にとってもインターネットを利用する環境が身近になっている．2014年末時点の企業のインターネット利用率はほぼ100%であり，2013年度末時点の一般家庭におけるインターネット利用率は約85%にのぼる[2]．イン

---

2 総務省「平成26年通信利用動向調査の結果（概要）」p.5,「平成25年通信利用動向調査（世帯編）」p.30

ターネット利用者の増加は企業側にも影響を及ぼしており，製品やサービスのソフトウェア化をすすめ，ネットワーク利用型のサービスを増やしている．

インターネット関連の技術が日々進歩し，そのうえで企業と消費者が相互に影響を与えあう状況のなか，ビジネスにおいてインターネットの活用はなくてはならないものとなっている．また，ネットショッピングが取り扱う商品の幅も広がり，ユーザは急増している．ホテルやレストランの予約もインターネットが中心になり，公共事業においても電子入札が広まりつつある．ビジネスにおいてインターネットが活用される場面がますます増え，e ビジネスは今後も進展していくであろう．

## 3.3　e ビジネスの類型化

「電子商取引（Electronic Commerce：EC，e コマース）」とは，インターネットなどのネットワークを利用して，契約や決済などを行う取引形態である．最

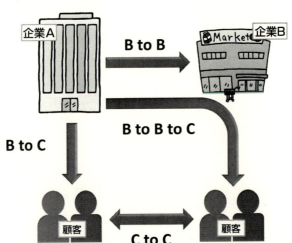

図表 3-2　BtoB, BtoC, BtoBtoC, CtoC の関係

近では,さまざまな相手と商取引を効率化することができる,インターネットを介したビジネスを指すことが多い.

ECはその主体や取引の相手が誰かによって,分類化することができる.

主な分類としては,企業間の取引を指す「B to B (Business to Business)」,企業と消費者の間の取引を指す「B to C (Business to Consumer)」,企業が他の企業を通して消費者との取引を指す「B to B to C (Business to Business to Consumer)」,消費者間の取引を指す「C to C (Consumer to Consumer)」などがある.

その他にも,企業と政府間の取引を「B to G (Business to Government)」,企業と社員間の情報の取引を「B to E (Business to Employee)」などと呼び,さまざまな形態でのECが増えている.

2013年末時点で,電子商取引の利用率は40%を超えている[3].

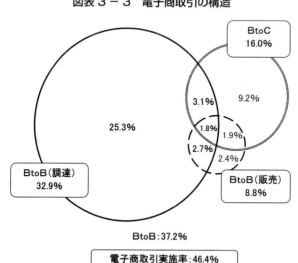

図表3-3 電子商取引の構造

出所:総務省(2014)「平成25年通信利用動向調査(企業編)」p.22

---

3 総務省(2014)「平成25年通信利用動向調査結果の概要(企業編)」p.22

## 3.3.1 B to B

(1) 概要

「B to B (Business to Business)」は電子商取引のひとつで，企業間の取引のことをいう．従来は専用の回線を用いた EDI で行われてきたが，現在ではインターネット EDI が主流となっている．企業間で製品の設計・開発から部品の調達，生産，物流，販売の過程とサービス提供などさまざまな段階で取引や連携を行う．取引を電子化して効率化を図ることに加え，ビジネスプロセスの効率化，組織のリエンジニアリング，収益の向上へとつなげることを最終的な目的としている．

B to B の例としては，売り手と買い手が Web サイトなどを使ってオープンな取引を行う電子市場や，これまで企業内で抱えていた業務の一部を，ネットワークを介してアウトソースする ASP (Application Service Provider) などがある．

2014 年の B to B 市場の市場規模は，195 兆 5,860 億円である．また，B to B 市場における EC 化率（すべての商取引額（商取引市場規模）に対する，電子商取引市場規模の割合）は，18.3%（対前年 0.4 ポイント増）に上昇している[4]．

(2) B to B の種類

① EDI

前節でもみたように，企業間でやり取りする商取引に関する情報を，標準的な書式に統一して電子的に交換する仕組みを「EDI」(Electronic Data Interchange) という．受発注，見積り，決済，出入荷などに関連するデータを，あらかじめ定められた形式に沿って電子化し，ネットワークを通じて送受信する．電話やファックスを通して紙の伝票でやり取りしていた従来の方式に比べて情報伝達のスピードが向上し，事務処理の効率化や人員の削減，販売機会の拡大などを実現することが可能となる．

---

[4] 経済産業省（2015）「平成 26 年度我が国経済社会の情報化・サービス化にかかる基盤整備（電子商取引に関する市場調査）」p.1

ネットワークは専用線やVAN (Value Added Network) などを利用するが，データ形式やネットワークの接続形態が異なる他の企業との取引をEDI化するのは難しく，コストもかかる．そのため最近では，Webブラウザを使ったWeb-EDIやXML (Extensible Markup Language) を利用して，標準化とオープン化を進めている．

**②電子調達**

企業が購入したい部品や資材をインターネット上で調達するやりかたを指す．インターネットを介して部品・資材の提供者を募り入札をかけることで，最適な条件を提示した商品提供企業を選ぶことができる．また商品の発注や請求などのコスト削減にもつながる．

**③eマーケットプレイス (電子市場)**

インターネット上での企業間取引所のことをeマーケットプレイスと呼ぶ．電子市場を通じて，企業同士が直接やりとりするため，流通コストの削減につながる．売り手にとっては，新規取引先の開拓や営業コストの削減，在庫調整などを実現でき，買い手は調達・物流コストの削減が実現できる．

**④その他**

前述のITアウトソーシングの一種であるASPも，ネットワークを通じて企業内の業務をアウトソーシングするという点でB to Bに分類される．

## 3.3.2　B to C

**(1) 概要**

企業と一般消費者の取引を「B to C (Business to Consumer)」という．インターネット上に商店を構えてWebサイトを介して消費者に商品を販売するネットショップのビジネスモデルが普及しており，多数のネットショップを集めて一括して提供するネットモールも存在する．

B to Cの例としては，Webサイトを介して消費者に製品やデジタルコンテンツを販売する電子商店や，その集合体であるインターネットモール (電子商店街) が代表的だが，その他にも，電子書籍等のコンテンツビジネスなどがここに含まれる．

2014年のBtoC市場の市場規模は，12兆7,970億円（前年比114.6%）である．また，BtoC市場におけるEC化率（すべての商取引額（商取引市場規模）に対する，電子商取引市場規模の割合）についても，4.37%（対前年0.52ポイント増）に上昇している[5]．

## (2) BtoCの種類

### ①電子商店（オンラインショップ）

Webサイトを介して消費者に商品を販売する電子商店（オンラインショップ）が，最も代表的な形態である．また，そうした電子商店が多数軒を連ねるWebサイトを，電子商店街（オンラインモール）と呼ぶ．大規模で総合的なジャンルのものを販売している例として，「楽天市場」や「Yahoo!ショッピング！」，Amazonなどがある．また，衣料などのファッションを中心にした「ZOZOTOWN」など，特定分野に重点をおいたオンラインモールを展開している企業も多数ある．

ネットショップのなかでも実店舗を持っているものを「クリック＆モルタル」，インターネット上の仮想店舗のみで販売しているものを「クリック＆クリック」と呼ぶ．

また，共働き等で買い物に行く時間がないという消費者の生活スタイルの変化に対応し，イオン，イトーヨーカドー，西友などの大手スーパーマーケットは，食品や日用品等を販売するネットスーパーを展開している．さらに，ヨドバシカメラやビッグカメラなど大手量販店も，家電等に加えて食品や衣料など，ネット販売を行う商品の幅を拡げている．

■事例：SEIYUドットコム

合同会社西友は，全国にスーパーマーケットを展開している．2013年6月にDeNAと共同でオンラインショッピングができるeコマースを正式に開始した．

---

[5] 経済産業省（2015）「平成26年度我が国経済社会の情報化・サービス化にかかる基盤整備（電子商取引に関する市場調査）」p.2

2015年4月からは，KDDIが運営する「auショッピングモール」に初の総合スーパーマーケットとして出店している．

「いつでもヤスクをおうちでも」のキャッチフレーズを掲げ，食品から日用品など3万点以上の商品を扱っている．近所の店舗から配送されるネットスーパー便（最短即日配送）や，近くの店舗で手に入らない物を購入できる配送センター便「SEIYU倉庫便」の2種類がある．

商品の購入のためにDeNAの会員登録が必要だが，安さや品揃えの豊富さという実店舗の魅力をネットにも反映させて，実店舗と同じように買い物しやすいサイトを開設している．サービス開始当時42万人だった会員数は，2015年3月時点で100万人を突破している[6]．

ネットショップが乱立する中で，差別化のために「短時間での配送サービス」に取り組む企業が増えている(図表3-4)．例えば楽天は，2008年10月より「楽天市場」における翌日配達の対象商品と対象地域を大幅に拡充した新翌日配送サービス「あす楽」を提供していたが[7]，2015年9月にオンライン書店「楽天ブックス」において，関東地区1都7県を対象に，注文当日に配送する「あす楽当日便」と，午後11時59分までの注文であれば翌日に配送する「あす楽 翌日便」を開始した[8]．Amazonは，2009年10月より当日配送サービス「当日お急ぎ便」を提供しているが[9]，2015年10月には，ファミリーマート店舗で，当日商品を受け取れる「当日お急ぎ便サービス」を開始し[10]，さらに同年12月から，

---

6　PR times「「SEIYUドットコム」会員数100万人突破記念！『あれこれ買ってもいつでも安心のカカク100選』キャンペーン開始！！」(http://prtimes.jp/main/html/rd/p/000000014.000011009.html)（2015年3月24日閲覧）

7　楽天プレスリリース（2008年10月23日）「楽天市場　翌日配送サービス「あす楽」をスタート―対象商品を53,000点に大幅拡大し，全国規模で展開―」(http://corp.rakuten.co.jp/news/press/2008/1023_1.html)

8　楽天プレスリリース（2015年9月16日）「楽天ブックス，配送サービス「あす楽 当日便」「あす楽 翌日便」を開始」(http://corp.rakuten.co.jp/news/press/2015/0916_02.html)

9　Amazonプレスリリース（2009年10月1日）「Amazon.co.jp，新配送サービス「当日お急ぎ便」を開始」(http://www.amazon.co.jp/gp/press/pr/20091001)

10　INTERNET Watch（2015年10月13日）「Amazon，『当日お急ぎ便』がファミリーマート約7,100店舗での受け取りに対応」(http://internet.watch.impress.co.jp/docs/news/20151013_725351.html)

図表3-4 「当日(即日)配送サービス」の比較

| | 楽天(楽天ブックス) | Amazon | ヨドバシカメラ |
|---|---|---|---|
| 名称 | 「あす楽当日便」 | 「当日お急ぎ便」／「Prime Now」 | スピード配達サービス／「エクスプレスメール便」 |
| 注文期限 | 当日午前9時50分 | 特になし(届け先、注文時間帯、商品による.「当日お急ぎ便」が表示される場合のみ)／1時間便は午前6時から深夜1時まで、2時間便は午前6時から深夜0時まで受付 | 特になし(商品の在庫状況、対象地域、配送便の空き状況などの理由により変動／不明 |
| 配送日時等 | 当日午後21頃まで | 当日午前8時から午後21時の間／注文から1時間または2時間以内 | 商品の在庫状況、対象地域、配送便の空き状況などの理由により変動／注文から6時間以内 |
| 対象商品 | 楽天ブックスで扱う書籍やCD、DVDなど50万点以上 | すべての商品(届け先、注文時間帯、商品による.「当日お急ぎ便」が表示される場合のみ)／生活必需品や趣味・嗜好品、ギフト用品など約1万8,000点(合計2,500円以上) | 同社指定商品(約370万アイテムのうち約72,000アイテム、パソコン、携帯電話等は対象外)／不明(小型の商品) |
| 対象地域 | 1都7県(東京・神奈川・埼玉・千葉・茨城・栃木・群馬・山梨) | 沖縄および一部離島地域を除く日本全国／東京都8区2市、神奈川県・大阪府・兵庫県の一部 | 関東1都6県、関西2府4県と静岡県、山梨県、宮城県、愛知県、三重県、岐阜県、新潟県、福岡県、佐賀県の全域、北海道、長崎県、大分県、熊本県、福島県の一部／東京都新宿区、中野区、杉並区 |
| 手数料 | 税込498円 | 税込514円／1時間便:税込890円、2時間便:無料 | 無料／無料 |
| 備考 | | 「当日お急ぎ便」は全国7,100カ所のファミリーマート店舗で受け取り可能／「Prime Now」はプライム会員(年会費3,500円)限定 | 店舗にて受け取りが可能.受け取り希望店舗に在庫がある場合、最短で30分以内に商品を用意／ |

注文から1時間以内に注文した商品を届けるというプライム会員向けの新サービス「Prime Now」を提供している[11]．ヨドバシカメラは，2015年9月に注文から6時間で商品を届ける「エクスプレスメール便」を東京都新宿区，中野区，杉並区の全域で始め，今後は対象地域を拡大していくと発表した[12]．また，2015年6月25日から，ヨドバシカメラ店舗と公式通販サイト「ヨドバシ・ドット・コム」のサービスが，ほぼ完全に統合され，配達料金無料で当日配送するスピード配達サービスの日本全国人口カバー率は約75％に達したとしている[13]．

②コンテンツビジネス

デジタルコンテンツを，インターネットを通じて消費者へ配信するビジネスである．書籍，音楽，画像，映像，ソフトウェア，ゲームなどをデジタル化して有料（無料の場合もある）で配信する．

例えば，電子書籍サービスは日本では浸透しないといわれていたが，先行するAmazonの動きをうけて，現在では日本の殆どの大手書店に加えて，楽天やヨドバシカメラなども電子書籍サービスを展開している．

■事例：Amazon Kindle（アマゾン・キンドル）

　Amazon.comが運営する電子書籍関連サービス．Kindle専用の端末の外，パソコン，スマートフォン，タブレット端末などで電子書籍が読める．2007年にアメリカで開始され，日本では2012年10月から開始している．専用端末は毎年改良を重ねてさまざまな種類が発売されている．3G回線はAmazonが負担して無料化しており（第4世代以降はWi-Fiに限定），また，書籍にもよるが定価より20%ほど安く購入できるものもある．

また，音楽，映像，アニメ，ゲームなども，ネット配信が急速に普及している．音楽や映像（映画等）などは，月額固定料金での「使い放題サービス」に

---

11　AmazonのWebサイト（http://www.amazon.co.jp/b?node=3907674051）
12　日本流通産業新聞（2015年10月21日）「ヨドバシカメラ／配送時間さらに短縮／年内に都内全域で6時間配送」
13　ヨドバシカメラのWebサイト（http://www.yodobashi.com/ec/support/service/yodobashi_com/）

より，利用者を伸ばしている．

一方，「クールジャパン（Cool Japan）」ブームを追い風に，海外で日本のアニメなどのデジタル放送やネットでの配信が拡がっており，これからの海外市場開拓が期待できる．

③ネット金融サービス

インターネットを通じて株式などの金融商品を売買する仕組みのことである．一般ユーザ向けにはネット銀行がある．ネット銀行は，銀行の実店舗で登録をすればオンラインで残高照会や振り込み，登録情報の変更などができる．

近年，ITを駆使した新たな金融関連のビジネスモデルやサービスを生み出す動きは「FinTech（Finance と Technology を掛け合わせた造語）」と呼ばれており，ベンチャー企業が続々誕生すると共に，既存金融機関も参入するなど，世界的に注目を集めている．これらは，従来の金融機関が手を出さなかったり，潜在的なニーズにとどまっていた市場を対象とすることが多い分野としては，電子マネーや仮想通貨からオンライン株取引などの投資支援まで，さまざまである．例えば，個人向けのものとしては，利用者が複数の口座取引情報や家計簿等をウェブ上で一括して管理・閲覧できるようになると共に，そのデータをもとにAIで投資や資産管理についてのアドバイスが得られるサービスも生まれている．

### 3.3.3　B to B to C

ある企業が，インターネットでのサービスを提供している別の企業を介して消費者にサービスを提供することを，「B to B to C（Business to Business to Consumer）」という．B to Cビジネスの一種ともいえる．例えばホテルや旅館が，インターネットの仲介会社のサイトで，宿泊などの予約代行を依頼しているのはその一例である．地方の名産品店が電子商店街（オンラインモール）にインターネット上の店舗を構えて販売するのもこれに該当する．

近年，これまではB to Bでのビジネスだけを展開していた企業が，その先の消費者の動向をつかみ，消費者に直接接するために利用する例が増えている．

■事例：オンラインモール「楽天市場」

　楽天市場とは，楽天株式会社が運営する国内最大規模のオンラインモールである．2016年1月時点で契約企業数12万社以上，商品数は2億点以上にのぼり[14]，創業以来，同社の中核事業である．また，同社が手がける，楽天トラベル，楽天ブックス，楽天オークションなどとも連携している．

　商品購入時にポイントがつくサービスを導入しており，週末や季節のイベント毎にポイント増額キャンペーンを頻繁に実施するなど，さまざまな手法を駆使して，購買行動の促進をはかっている．

## 3.3.4　C to C

　インターネット上で個人同士が商取引をするのを「C to C（Consumer to Consumer）」と呼ぶ．C to CモデルはWebサイト上でオークションを行うネットオークションが代表的である．

①ネットオークション

　ネットオークション事業者のWebサイトを介して，出品者個人と入札者個人が商品を売買するビジネス方式のことをいう．出品者は，商品の名称や写真，状態，最低価格，入札期限，配送方法，支払方法などの情報を掲載し，それに応札する入札者を待ち，取引がなされる．ネットオークション事業者は，出品者から手数料を徴収したり，サイト内の広告で収入を得る形で事業を展開する．

　大手の企業が運営しているオークションサイトが多く，個人のやりとりの場を提供している形態をとる．運営会社は，会員登録のための年会費やシステム利用料などから利益を得ている．

■事例：ヤフオク！

　Yahoo! Japanが運営する，1999年に始まった日本最大級のインターネットのオークションサイトである．1日に数十万点も出品されており，総出品数は25カ

---

[14]　楽天「楽天市場契約企業数・商品数（平成28年1月4日現在）」（https://www.rakuten.co.jp/com/inc/rc/info.html）

テゴリー，4,400万点を超える[15]．Yahoo!プレミアム会員費を支払えば，誰でも出品できる．

2010年からは，スマートフォンやiPadのアプリも提供している．スマートフォンアプリでは30秒程度で出品を可能にするなど，利便性の向上を目指している．

②ネット・フリーマーケット

ネット・フリーマーケット事業者のWebサイトや，スマートフォンおよびタブレット端末向けのアプリを介して，出品者個人と購入者個人が商品を売買するビジネス方式のことをいう．固定の価格での取引が基本であり，ネットオークションに比べ，出品も購入も少ない手間で行えるのが特徴である．

近年では，スマートフォンの普及を背景に，スマートフォンで商品を撮影して簡単に出品できる「フリマアプリ」の利用者が急増している．出品の手軽さに加え，売買がスムーズに行えるシンプルな仕組み，そして決済代行による安心な取引を実現している点がユーザの心を捉えている．メルカリなどベンチャー企業に加えて，2014年からは楽天やLINEなども参入している．

他にも，個人で立ち上げたホームページ上で商品を販売する形態もあり，個人輸入の商品や自作のプログラムなどの販売を行っているものもある．

■事例：メルカリ

株式会社メルカリが提供するフリマアプリである．アプリをダウンロードすれば誰でも出品でき，短時間で商品の売買が完了する手軽さが売りである．月間流通総額は数十億円規模で，1日の出品数は10万品を超える．サービスの提供開始は2013年の7月とフリマアプリのなかでも後発であったが，手数料無料キャンペーンやテレビCMによるプロモーションによって一気に利用者を伸ばし，2015年11月にはダウンロード数が2,000万を超えた．2016年1月には，業界で初めて，住所・名前を相手に伝えずに配送できる匿名配送サービスを開始しており，利便性の改善を進めている．

---

15　オークファン統計データより（2016年）（http://aucfan.com/site_count.html）

③課題

今日，流通システムや決済システム，個人データのセキュリティ保護など，技術的な課題の解決への取り組みはされている．しかし，C to C モデルでは，個人情報の漏洩，違法な物品の取引，代金を支払ったのに商品が送られてこないネット詐欺などの問題も起きており，技術的な問題だけでなく，倫理的な問題や運営の仕組み自体の改善など，さまざまな課題が残っている．

## 3.3.5　B to G, B to E

### (1) B to G (Business to Government)

　企業が政府や自治体と電子商取引を行うことを「B to G (Business to Government)」と呼ぶ．公共事業の電子入札，各種電子申請等がこれにあたる．政府は，IT 政策の一環として，これに積極的に取り組むとしている．

### (2) B to E (Business to Employee)

　企業の福利厚生および自社製品への理解向上の一環として，イントラネットなどを利用して社員向けに物品やサービスを市場価格より安く提供する社員販売制度のことを「B to E (Business to Employee)」と呼ぶ．

　扱う商品は当該企業か外部の提携している企業のものが多い．企業が一括して窓口となって取り扱うことで，管理や配送コストが削減できるなどのメリットがあり，割安価格での提供が可能となっている．

## 3.3.6　O2O (O to O)

　通信機能や GPS が付いたスマートフォンやタブレット端末の普及，無線 LAN サービスの拡大などにより，消費者にあった情報配信を行って実店舗へ誘導し購入を促す「Online to Offline」のマーケティング手法が活発化している．なお，「Online to Offline」を O2O と呼ぶことが多い．

　O2O とは，ネット店舗やソーシャルメディアといったインターネットを通じて情報等を提供する「Online」側と，実際の店舗である「Offline」側が，相互に連携・融合して消費者の関心を喚起したり購買を促す仕組みのことをいう．

以前は,「クリック・アンド・モルタル (Click and Mortar)」とも呼ばれ,実店舗とネット店舗の各々を企業が運営するビジネス手法のことを指していた.

　ネット店舗やオンラインショッピングモールのウェブサイトで,実店舗の情報提供やクーポンの提供などを行って誘客していた.さらに,最近は,スマートフォンやタブレット端末で手軽に利用できるアプリの提供なども行っている.例えば,事前にアプリを自分のスマートフォンにインストールしておけば,実店舗に近づくと GPS と連動してオンラインクーポンが消費者のスマートフォンに表示されるといったサービスも行われている.

　一方,実店舗側では,実店舗の来店客にインターネット上の追加・補足情報を示唆し,自店舗になくても自社のネット店舗や提携先のネット店舗で提供できる商品・サービスの購買・利用を促す O2O の動きもうまれている.

　さらに,最近ではこのような動きを受けて,実店舗やネット店舗など,あらゆる販売チャネルや流通チャネルを統合して,どのような販売チャネルからも同じように商品を購入できる仕組みの構築を目指した「オムニチャネル (Omni Channel)」という概念が注目されている.特に,セブン&アイ・ホールディングスなど小売業を中心に取り組まれている.

　前述のとおり,スマートフォン向けクーポンを中心とした取り組みが盛んになっている.

図表 3-4　O2O のイメージ

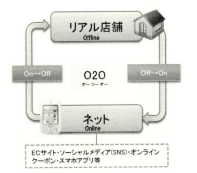
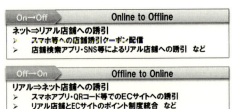

出所:総務省 (2013)『平成 25 年版　情報通信白書』p.43

さらに，ソーシャルメディアなどとも組み合わせての活用も増えている．このような動きのなかで，これまではインターネットマーケティングにあまり取り組んでこなかった業界の取り組みも始まっている．

また，これまではインターネットでの購入に消極的だった高齢者層や若者層などが，スマートフォンやタブレット端末を普段から持ち歩いて利用に親しんだことにより，O2Oを活用する例が増えているのも注目される．

O2Oの主な類型としては，「SNS連携」，「ソーシャルギフト」，「共同クーポン購入（フラッシュセール）」，「割引クーポン・ポイント」，「実店舗とECサイト情報連携（ポイント共通化，購買情報管理等）」，「ネットスーパー」の6つに分類できる．

国内の実店舗とネット店舗の各利用者の行動をみると，ともに7割程度[16]が

**図表3-5　O2Oの主な類型**

| 活用タイプ | 内容 |
| --- | --- |
| SNS連携（ソーシャルコマース） | サイト上での検索結果，ソーシャルメディア上の説明や口コミなどの情報から，商品・サービスの購買へつなげる． |
| ソーシャルギフト | 知人・友人に対して商品・サービスを購入できるギフトをメール等で配信する方法． |
| 共同クーポン購入（フラッシュセール） | 期間内に目標人数が注文することで割引クーポンを購入できる仕組．そのクーポンを利用して，ユーザーは商品やサービスを割引価格で購入できる．共同クーポン購入サイト，クーポンサイトと呼ばれる． |
| 割引クーポン・ポイント | 事前登録することで店舗などから割引を受けることができるクーポンが配信され，スマートフォンの画面を店舗側に提示することで割引価格にて商品・サービスを購入することができる． |
| 実店舗とECサイト情報連携（ポイント共通化，購買情報の管理，店頭受け取り等） | ECサイトと実店舗のポイントを統合し，共通化する．他社同士のポイントを共通化，交換する方法もみられる．ECサイトと実店舗の商品情報や購買情報を共有し顧客への提案力を高める取組もみられる． |
| ネットスーパー | ECサイトから注文を受け付け，最寄の店舗等から購入商品を届けるサービス． |

出所：総務省（2013）『平成25年版　情報通信白書』p.49

---

16　総務省（2014）『平成26年版 情報通信白書』p.190

商品の購入時に「実店舗（Offline）」と「ネット店舗（Online）」双方の情報を確認しているという調査結果がある．従来は，インターネットで商品の機能・価格・評判を調べて実店舗で購入するという消費行動が多かったが，最近では逆に，実店舗で実際に商品を手にとったり販売員から商品の情報を聞いたりしたうえで，最安値のネット店舗から購入する「ショールーミング」という購買行動をとる消費者が増えている．それでは，顧客を失ってしまうと実店舗側が恐れを抱いて，O2Oに積極的に乗り出してきたという側面もある．

このように，消費者は実店舗とネット店舗を必要に応じて選択・活用しており，今後も定着していくと思われる．これからは，実店舗とネット店舗ともに，競争と連携を続けながら，最適な関係の構築に取り組んでいくことになろう．

■事例：日清食品のLINEスタンプ活用

日清食品は2013年8月に迎えた「チキンラーメン」発売55周年を機に，さまざまなキャンペーンを実施した．チキンラーメンのキャラクター「ひよこちゃん」のLINE専用スタンプを作成し，チキンラーメン購入者のみがダウンロードできるというキャンペーンを実施したところ，チキンラーメンの売り上げは袋麺タイプで30％，カップ麺タイプで50％増加し，スタンプのダウンロード数は578万に上った．

購買の促進と商品ブランドの浸透に大いに役立っている．

■事例：ユニクロのアプリ活用

ユニクロを運営するファーストリテイリングは，他社に先駆けて2008年10月にスマートフォン向けアプリの提供を開始した．2011年9月にカタログアプリとして公開された「UNIQLOアプリ」は，現在はクーポンや「デジタルチラシ」の配信にとどまらず，欲しいアイテムの店舗在庫情報をアプリから確認できる「店舗在庫確認」サービスの提供を行い，オンラインからオフラインへの導線をつくってきた．

2013年の9月からは，店頭で商品についたバーコードをスキャンすると，商品の詳細情報や他の消費者のレビューを確認できる「バーコードスキャン」サービスをはじめた．また，2014年3月からは，紙のチラシの商品写真を写すことで，商品の着用イメージを確認して，そのままカートに入れてオンラインストアで購

入できる「チラシスキャン」サービスも提供している．これらのサービスによって，オフラインからオンラインへの導線もつくってきた．

このような双方向の「導線」で顧客を誘導し，顧客エンゲージメント（愛着）の向上を狙っている[17]．

## 3.3.7　eビジネスがもたらした影響

インターネットのビジネスへの活用が広がることにより，次のような影響をもたらしている．

### (1) 空間的・時間的制限からの自由

eビジネスによって，いつでもどこでも商品を購入したり，企業の情報管理をしたりできるようになった．

例えばネットショッピングにおいては，消費者はオンラインで世界中の商品にアクセスできる．商品の注文，受け取りもオンラインや配送で可能であり，これは空間的，地理的な制約が取り除かれたことを示している．また，実店舗に足を運ぶわけではないので店の営業時間を考える必要はなく，24時間利用可能な場合がほとんどで，時間的な制約もない．

### (2) 双方向のやりとり

経営者はインターネットを通して消費者の生の声を聞きやすくなり，商品開発や商品販売戦略に大いに活かされている．消費者同士でもひとつの商品について見知らぬ人の意見が聞けるなど，活発な交流をしており，購買行動にも大

---

[17] SATORI株式会社「O2Oマーケティングの成功事例」（https://satori.marketing/marketing-blog/omni-channel/o2omarketing/）
モバイルマーケティング研究所（2013年9月10日）「ユニクロのO2O戦略の中核を担う公式アプリの全貌とは!?」（https://moduleapps.com/mobile-marketing/uniqloapp/）
モバイルマーケティング研究所（2015年10月28日）「商品の在庫確認もできる！ユニクロアプリが大幅リニューアル」（https://moduleapps.com/mobile-marketing/20151028uniqlo/）

きな変化が現れている．

### (3) ロングテール現象

eビジネスにみられる特徴的な現象を「ロングテール現象」という．ロングテール現象は，主にB to Cで見られる現象である．売上高が大きい順に商品を左から並べてグラフを作ると，右にかけてグラフが急下降し，その後は長い尾（ロングテール）のように徐々に下降することから，このように呼ばれている．

従来の商取引は，マーケティングの経験則として，上位20％の売れ筋商品が売上の80％を占める「パレートの法則」が一般的であったが，B to Cでは残りの80％の商品でも売上に貢献する機会がある．例えば，店舗では1カ月に1つしか売れない小額商品は店頭から撤去されるが，B to Cではそのままwebに掲載しておくことができ，例えば1カ月に1つしか売れない商品でも，それが1,000種類あれば無視できない規模になる．アマゾンでは，書籍売上の約3分の1から半分をロングテール部分から獲得しているともいわれている．

### (4) ビジネス開始の低コスト化

ビジネスを始めようとしている人にとっても，インターネットビジネスは初期投資，運営費用とも他の業種に比べて比較的低く抑えることができるため，個人でビジネスを始めやすい環境が生まれている．

これらの影響は，第Ⅱ部で紹介する「モバイル＆スマート」「クラウド」「ソーシャルメディア」「ビッグデータ」によってさらに加速している．

## 3.4　eビジネスの新たな段階

日本のeビジネスは，海外の影響を受けながら，大きな変化を遂げつつ発展し，現在の姿になっている．

次の図表3-6は，インターネットの発展と，個人および企業のインター

## 3・eビジネスの基本

図表3-6 インターネットの発展と利用の進化

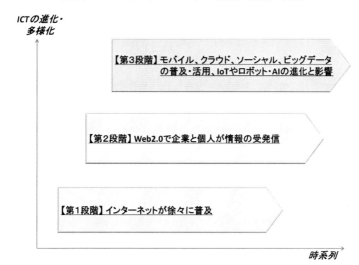

ネット利用の変化との関係を3段階で整理したものである.

【第1段階】（1990年代から2000年代半ば）は，インターネットの利用が企業等の法人を中心に徐々に普及して，企業がWebサイトを作成して商品やサービスの情報提供を始めた時期である．基本的には法人側からの情報提供であった．また，インターネットに関心をもった先駆者的な利用者が登場し，徐々に利用が増えてきた．

【第2段階】（2000年代後半）では，ADSLから光回線への進化，携帯電話などモバイル機器の普及と通信回線速度の向上や低価格化などにより，個人のインターネット利用が飛躍的に増加した．さらに，ブログなどで個人が商品・サービスについて紹介したり批評したりすることが増え，消費者側からの意見を企業が無視できないようになってきた．企業は，Webサイトでの情報発信と，テレビ・ラジオ・新聞など従来型のメディアとの連携に力を入れ始めた．

【第3段階】（2010年代以降）では，第2段階での動きがさらに進み，携帯電話からスマートフォンやタブレット端末など，「モバイル＆スマート」の流れが急速にひろまった．そして，そのようなツールを用い，個人が「ソーシャルメディア」によって人とつながる動きが飛躍的に広まっている．また，「クラ

ウド」サービスによる大容量化と低価格化が急速に進んでいる．企業側は，クラウドサービスの整備や，ソーシャルメディアの導入により，多様な情報発信をはじめている．さらに，IoTの進展により，データの収集と蓄積・分析が飛躍的に拡大し，「ビッグデータ」の利用が活発化している．また，ロボット（ロボティクス）やAI（人工知能）の進化がこれを後押しすると共に，新たなビジネスの誕生を促している．

このように，活発化するeビジネスの新潮流の背景には，「モバイル＆スマート」「クラウド」「ソーシャルメディア」「ビッグデータ」の要因が存在する．次に，これらの要因について，詳しくみていくこととする．

《発展学習のポイント》
1. eビジネスが進化することで，どのような産業が発展しているだろうか．逆に，低迷している産業はあるのだろうか．
2. 今後，発展すると思われるeビジネスは何であろうか．
3. 自分が関心をもったeビジネスの事例を探してみよう．それには，どのようなイノベーションがみられるのだろうか．危うい点は無いのだろうか．

# 第Ⅱ部
# eビジネスの新潮流の要因

　第Ⅱ部では，活発化するeビジネスの新潮流を後押ししている，「モバイル＆スマート」「クラウド」「ソーシャルメディア」「ビッグデータ」について，詳しく取り上げる．

# 4. モバイル&スマート

　モバイルとは，コンピューティング利用やインターネット活用ができる携帯機器（モバイル端末）とその利用方法のことを指す．従来はノートパソコンの利用が中心で，小型化・軽量化など改良が進み，外出先や移動中でのインターネット利用も容易になっている．

　近年では，スマートフォンやタブレット端末が急速に普及してきたことで，外出先でモバイル端末を使うことは一般的になっている．最近では，「モバイル」というよりは「スマート」と表現されることも多い．そのため，本来は「モバイル＆スマート」と呼ぶべきだが，本書では，これ以降は便宜上，「モバイル」と表記する．

　eビジネスの発展の背景にあるのは，インターネットを利用する個人と企業の急速な増加である．モバイルの普及は，特にそのような個人の増加に大きく寄与している．前述したように，モバイルの性能は日々改良が重ねられ，性能の進化と軽量化だけでなく，端末のサイズや機能など多様化も急速に進んでいる．そのため，一人1台，なかには2台以上保有して使う人も増えている．

　モバイルは，普段から，身につけて持ち歩くことができ，また，サービスの多様化や利便性の向上が進んでおり，利用する機会と時間が急増している．そのため，BtoCビジネスで顧客とつながる有力な手段として，ますます注目を集めている．

## 4.1 スマートフォン

モバイルのひとつで，従来型携帯電話（いわゆるガラパゴス携帯，フィーチャーフォン）に替わって急速に普及しているのが，スマートフォンである．

### 4.1.1 スマートフォンの特徴

従来型携帯電話が普及する以前から，ビジネスパーソンにはPDA端末（個人用携帯情報端末）を利用する人もいた．PDAとは，スケジュール管理やワープロ，メモ機能などを利用できる機器で，電子手帳とも呼ばれていた．その後，携帯電話が普及して多機能化が進んだ．

そして，Apple社がPDAの機能を兼ね備えた携帯電話であるiPhoneを開発し，爆発的に普及した．これがスマートフォンの嚆矢である．パケット通信機能や電子メールのやり取り，Webページの閲覧など，さまざまなインターネットアプリケーションが利用可能となった．スマートフォンはまず，欧米で普及してその後日本でも普及した．

現在，スマートフォン市場には，Apple社のiOSを搭載したiPhoneと，Googleを中心とした米の規格団体Open Handset Alliance（OHA）が提供するAndroid OSを搭載した，多数の企業から発売されているAndroid端末が二大勢力として競い合っている．

### 4.1.2 スマートフォンの利用状況

スマートフォンは，ここ数年で急激に普及している．総務省がスマートフォンの保有率（普及率）について統計をとりはじめた2010年末には，保有率は9.7％だった．それが，2011年末には29.3％，2012年末には49.5％，2013年末には62.6％と毎年13〜20ポイントずつ増加している．最新の統計では，すでに人口の3分の2近くがスマートフォンを持っていることになる[1]．

---

1 総務省（2015）「平成26年通信利用動向調査の結果（概要）」p.7

スマートフォンの保有状況を属性別にみると，2013年度末の時点では，世帯主年齢別の40歳未満，世帯年収別の1,000万円以上，世帯人員別の「4人家族」以上の各階層では，8割以上が保有している．

　次に，保有率の変化を属性別にみると，世帯主年齢別ではすべての階層，世帯年収別では400万円未満と2,000万円以上を除いたすべての階層で，前年より10ポイント以上も増加している．また，シニアの利用は少ないと一般的に言われるが，世帯主年齢が50代の世帯では利用率は7割強と高く，60代前半でも6割近くに達している．

　このように，全体的に保有率が伸びており，モバイル端末のデファクトスタンダードだといえる．

　ただし近年，60代以降は，徐々に保有率が減る傾向もみられている．これは，スマートフォンが高機能・多機能すぎて使いこなせない，タブレットより画面が小さい，利用料が高額だといったことが理由と考えられる．今後の製品とサービスを考える上で，課題といえる．

## 4.2　タブレット端末

### 4.2.1　タブレット端末の特徴

　スマートフォンは，ビジネスパーソンを中心にさまざまなデータの収集・保存・共有などで活用されている．しかし，スマートフォンは画面が小さく，電子化された書類などを閲覧するには不向きだった．そこで生み出されたのが，タブレット端末である．

　タブレット端末には，携帯電話機能と無線LAN機能の両方が付いたものと，無線LAN機能だけがついた，2つの種類に大別できる．

　タブレット端末が発売された当初は，9〜10インチのものが多かったが，その後，持ち歩きやすさを考慮した8インチ程度のものが出た．その後，Android端末を中心に，それより小さいものや大きいものなど，さまざまなサ

イズの端末が販売されている．

## 4.2.2 タブレット端末の利用状況

総務省が個人のタブレット端末の保有率（普及率）について統計をとりはじめた2010年末には，保有率は7.2%だった．2011年末には8.53%とあまり伸びなかったが，2014年末には26.3%と過去4年間で4倍近くになっている．

タブレット端末は，スマートフォンを持っている人が，追加の情報通信端末として利用している場合が多いと思われる．また，スマートフォンでは小さくて見づらいというシニア層で，購入が増える傾向もみられる．

最近では，タブレット端末の機種やサイズも豊富になり，価格帯も高いものだけでなく安いものも発売されているため，スマートフォンほどではないが，今後も順調に普及していくと思われる．

また，タブレット端末の利用としては，企業などが，業務用のパソコンの代わりか，または追加の業務利用機器としてまとめて購入する例が増えている．最近では，携帯電話販売店，家電量販店，ブランド品販売店，飲食店，ホテル等，さまざまな企業で接客にタブレット端末が活用されている．

### ■事例：JR東日本のiPad活用

JR東日本は，これまでにも首都圏の主要駅や地方の乗換拠点駅等にタブレット端末を配備し，駅社員が顧客への案内に活用してきた．さらに，全乗務員がタブレット端末を携行して，輸送障害時の迅速な対応や案内などのサービス向上，さらにマニュアル類の電子化による活用での知識向上などに役立てている．2013年から，導入台数は7,000台で，首都圏から順次導入を進めてきた．

さらに，2014年3月から5月にかけて，駅員や，保線，電気設備，土木，建設など技術系の社員を対象に，約1万4,000台にのぼるiPadを導入した．駅員は，駅構内の案内図，電車の運行状況を確認できる独自のアプリ「モバイルATOS」のほか，空きロッカー検索アプリなどを用いて，駅利用者の要望にスムーズに対応している．技術系職場では，現地調査で発見した異常をiPadで撮影するだけで『異常時情報共有システム』に自動的にアップロードされるようになり，関係部署

とリアルタイムで情報を共有できるようになった[2]。

以上のように，単なるモバイル端末というよりは，「モバイル＆スマート」端末の普及が着実に進んでおり，その携帯性と操作性の高い端末でインターネットにつなぐことにより，eビジネスがより身近なものとなっている．

## 4.3 ウエアラブル端末

腕や頭部などに常に"身につけて（ウエアラブル）"利用する小型コンピュータデバイスのことを「ウエアラブル端末（ウエアラブルデバイス）」という．最近では，アクセサリー的なタイプや，衣服に近いタイプも開発されている．

小型軽量で身につけながら，音声によってハンズフリーで利用できたり，ファッション的な利用もできるなどの利点がある．その他，身につけることで日々の生活を記録し，そのデータを他のデバイスと連携して管理するなど，さまざまな新しいサービスが開発されている．

(1) メガネ型，ヘッドマウントディスプレイ型

ウエアラブル端末は，当初から頭部に装着する「ヘッドマウントディスプレイ（HMD：Head Mounted Display）型」が開発されていた．最近では軽量化されてメガネにそっくりの「メガネ型」と呼べるようなものが開発されている．スマートグラスとも呼ばれる．HMD型が目を完全に覆う「没入型」（非透過型）なのに対して，メガネ型はメガネのように外が見える「透過型」である．

メガネ型として最も知られているのが，グーグル社の「グーグル・グラス（グラス）」である．この特徴は，メガネのようにいつも身につけて，インターネットがいつでもどこでも利用できたり，さらに映像やAR（仮想現実）を写

---

[2] ITpro Active（2015年2月9日）「JR東日本がiPad 2万台投入で引き出した現場の底力【動画付き】」(http://itpro.nikkeibp.co.jp/atclact/active/14/368405/012700019/?ST=act-mobile&P=1)

すこともできる．音声で指示をすれば，検索，画像検索，翻訳，天気予報表示，道案内，メッセージ送信，ビデオ撮影，写真撮影などもできる．しかし，レストランなど公共の場でのグーグル・グラスの利用については，他者の個人情報の収集を密かにやっているのではないかといった批判もあって制限されており，結局，現在はビジネスでの利用に限定されてしまっている．これは，ウエアラブル端末の持つ危うい点が露呈したともいえる．

最近，日本企業の取り組みが活発化している．例えば，セイコーエプソンが2014年6月に「モベリオ」を他社に先駆けて発売した．これを使えば，ベッドで寝ているときなど場所を選ばずどこでも映像を楽しむことができる．また，20メートル先に320型相当の映像を浮かび上がらせるAR機能もある．また，メガネチェーン「JINS（ジンズ）」を運営しているジェイアイエヌは，使用者本人の視線の動きや瞬き，頭の動きなどをメガネが検知し，身体の疲労や眠気などを測定できる新製品を，2015年11月に発売した．グーグル・グラスのように外界の情報を集めるのではなく，自分自身の状態を把握することに使うのであれば批判を受けることもないので，視点の異なるアプローチだといえる．

日常生活だけでなく，業務利用のためのウエアラブル端末の開発も取り組まれている．例えば，医療現場で手術の準備にメガネ型を利用して準備のミスを減らしたり，手術自体に利用するという動きもでている．また，東芝は，工場現場などでの作業の効率化に役立つメガネ型の開発に取り組んでいる．工場での作業手順や図面などを視線の先に表示することで，作業効率を高めるとともに，両手で作業することにより安全性を高めることを狙っている．

(2) 腕時計型，アクセサリー型，着衣型

スマートフォンより手軽に身につけて利用できるウエアラブル端末として，腕時計，リストバンド，指輪，ネックレスなどさまざまな形態での端末が開発・販売されている．

特に腕時計型は，それ単体での利用やスマートフォンとの連携機能を装備したものの新開発が進んでいる．ソニーやカシオなどの日本企業，サムスン，LGなどの韓国企業などが販売を始めている．そして，アップル社も2015年4月

から「アップルウォッチ」を発売している．

　また，指輪やネックレス，装飾性の強いリストバンドなど，「スマート・アクセサリー」と呼ばれる商品の開発も進められている．これらはどちらかというと，女性をターゲットにした商品開発戦略である．

　その他，東レとNTTドコモが，着衣するだけで心拍数・心電波形などの生体情報を取得できる機能素材"hitoe"を発表した．これにより，生体情報計測用ウェアの商品化，スポーツや健康増進分野における生体情報計測用ウェアとスマートフォンなどを活用した新しいサービスの開発に取り組んでいる．

　このような端末を使うことで，個人の詳細な活動記録が次々とクラウドに蓄積され，新たなビジネスやマーケティングに活かされることが期待されている．一方，蓄積されたデータの管理を間違えば，個人情報や私生活の様子などが容易にインターネット上に広まりかねないという懸念も指摘されている．

##  4.4　モバイルがeビジネスに与えた影響

　ガラパゴス携帯の時代から，モバイルは一部の企業によって活用されていた．しかし，スマートフォンやタブレット端末が普及してインターネットがより身近になり，企業内でのコミュニケーションや，企業と消費者間でのコミュニケーションなど，インターネットの活用形態や範囲に大きな影響を与えている．
　次に，企業によるモバイルの活用形態を，具体的にみていくこととする．

### 4.4.1　企業内での活用

　従来，企業で利用されている機器はパソコンが中心であったが，近年はスマートフォンやタブレット端末を活用する企業が急増している．企業から社員に配布し，社内コミュニケーションの円滑化を図ったり，スケジュールから製品の在庫情報や顧客情報などの管理まで，日常業務をひとつの端末で統合している．さらに，モバイルという特性を生かすことで移動時間などの空き時間に

業務を行うことができ,無駄な時間や夜の残業を減らすことにもつながっている.また,企業内での知識の伝達を,リアルタイムの映像を利用しながらeラーニングで行う試みもある.

また,私用のスマートフォンやタブレット端末を業務用としても利用する「BYOD (Bring Your Own Device)」と呼ばれる利用形態も徐々に始まっている.社内配布のモバイル端末(一般的には,安価な従来型の携帯電話が多い)では古い端末を使わなければならない場合が多く,また,多くの社員は自分の端末を持っているため,2台持ち歩かなければならないといった問題がある.

BYODは,情報セキュリティについては危険な面が多いため,SaaSなどを利用して端末に情報を残さない,私用と業務用でアプリケーションを分ける必要があるなど,慎重な対応策が必要となる.ただし,モバイル端末を活用することで業務効率化が進むとともに,企業が業務用のスマートフォンを購入しなくてすむのでコストダウンにもつながることもあり,今後も広がっていくと思われる.

### 4.4.2 企業と消費者間での活用

モバイルの普及により,これまでインターネットをあまり利用してこなかった人々にとってもインターネット環境が身近なものとなり,インターネットユーザーの数が大幅に増加した.それによって,企業と消費者間の活用においては,スマートフォンやタブレット端末を通じて,手軽にショッピングできる機会の増加と,インターネット広告の提供手段の多様化・増加という,2つの大きな変化がおきている.

(1) モバイルを使った消費活動

普段から持ち歩くことが多いスマートフォンやタブレット端末を使ってオンラインショッピングができるサービスの提供が進んでおり,利用者も増えている.スマートフォンを利用したeコマースの市場規模は,年々伸びていくことが予測されている.

スマートフォンのeコマースに関係する調査結果を,いくつか紹介する.

博報堂が2014年1月に発表した調査結果[3]によると，スマートフォンを利用してネットショッピングをしたことがある人は65％強に達しており，そのうちの約25％は週に1日以上利用している．若い年代で利用率が高いが，60歳以上の高齢者をみても30％以上が利用したことがあると回答している．

2013年1月に公表された日本通信販売協会の調査[4]によれば，2012年のインターネット通販のユーザの利用頻度は，女性20代では増加し，利用金額も上昇している．

同協会は，背景にスマートフォン普及による影響があるとみている．インターネット通販利用者のうちスマートフォン保有者は37.4％で，そのなかで最も保有率の高い層は女性20代で66.0％にのぼる．

スマートフォン購入後の通販利用の変化については，スマートフォン保有者の14.8％がパソコンでのインターネット通販利用も増えたと回答している．時間や場所を問わずPCサイトも閲覧できるスマートフォンにより，自宅などでのPCを介した通販利用をも促したと推測される．携帯電話（スマートフォンを含む）のインターネット通販についても，スマートフォン保有者の14.0％は増えたと回答している．

2013年10月に公表された同協会の調査からは，10〜30代の若年層を中心にスマートフォンでインターネット通販を利用する動きが広まっている様子が読み取れる．また，近年急速に普及してきたSNSの利用者は，利用しない人に比べてスマートフォン経由で通販を利用する傾向にあり，中でもLINE利用者のスマートフォン利用率は42.0％と群を抜いている．

全体の20.8％が今後インターネット通販を利用する際に影響を受けやすい

---

3　博報堂「全国スマートフォンユーザー1000人定期調査　第8回分析結果報告（2014年1月）」(http://www.hakuhodo.co.jp/uploads/2014/01/20140120.pdf)
4　日本通信販売協会「第5回インターネット通販利用者実態調査2012の結果発表」(http://www.jadma.org/pdf/press/press_20130123net_survey.pdf)
日本通信販売協会「〜新設・ジャドマ通販研究所からの調査レポート第一弾〜ネット通販に関する消費者実態調査2013」(http://www.jadma.org/tsuhan-kenkyujo/files/jadma-report_2013_10.pdf)

SNSがあると答えており，今後もスマートフォンやSNSの普及を背景に，モバイルを使った消費行動が拡大すると予想される．

モバイルでのインターネット利用は，さまざまなビジネス形態を生み出している．消費者は，実際の店舗にいながらもモバイルで製品の価格やクチコミを確認し，実店舗とインターネットの双方を組み合わせた購買行動をとるようになっている．また，GPS機能を利用して近くの店を探したり，今いる場所や見ているものについてSNSを通してリアルタイムで情報を受発信できる．

一方，企業側は，GPS機能を利用して近くにいるユーザをリアルタイム把握し，その付近の店舗広告やクーポンの発行をスマートフォンに行うなど，ターゲットを絞った販促に活用している．これらをモバイルマーケティングといい，「O2O（Online to Offline）」と呼ばれる，インターネットから実店舗に誘導するマーケティングが広がっている．

## (2) モバイルを使った広告

普段持ち歩くスマートフォンやタブレット端末の利用者が急増していることにより，インターネット広告を目にする人の数と頻度も増えている．これにともない，企業はインターネット広告に力を入れている．

スマートフォンを利用した広告市場は年々伸びており，今後も拡大していくと予想されている．そこで注目されているのが，アプリケーション（アプリ）である．

モバイルの利用では，さまざまなアプリがダウンロードされて使われている．Apple社専用の「App Store」では，2012年7月に300億件，2013年5月に500億件，2015年6月で新規ダウンロード数が1,000億件に達した[5]．多くのモバイルユーザが利用するアプリは，広告掲載先メディアとして有力であり，企業はその画面上の限られたスペースでいかに消費者の関心を得るか，工夫しな

---

5 TechCrunch Japan（2015年6月9日）「WWDC：iTunes App Storeの登録アプリケーション数は150万超でダウンロード回数は1,000億」（http://jp.techcrunch.com/2015/06/09/20150608itunes-app-store-passes-1-5m-apps-100bdownloads-30b-paid-to-developers/）

がら広告を掲載している．

　スマートフォン向け広告市場は拡大し続けている．2011 年は 249 億円だったのが 2012 年には 3 倍以上の 856 億円，2013 年には 1,852 億円，2014 年には 3,008 億円，2015 年には 3,903 億円（予測）と伸び，2017 年には 5,448 億円（予測）にまで拡大すると見込まれている[6]．

　広告だけでなく，実際の店舗内での販売促進にも活用されている．たとえば，これまでは固定された POS 端末でしか見られなかった顧客情報を，タブレット端末で見ながら接客することで，より効果的な接客が可能となっている．

　このように，モバイルの普及によって e ビジネスが急速に発展し，一人ひとりの消費者とつながるマーケティングが実現している．また，ネットだけ，またはリアルだけ，といったこれまでのビジネスのあり方に変化が起きており，ネットとリアルをうまく組み合わせたビジネスモデルの構築が，今後の成否の大きなポイントになるだろう．

## 4.5　課題と展望

　モバイルの普及は，単に携帯電話端末の機能が高度化しただけではなく，人々の行動に大きな影響を与えている．モバイルやインターネットは生活に欠かせないものになっているが，インターネットや情報セキュリティについて知らなくても簡単に利用できる環境となっているため，さまざまな犯罪や事件にもつながりやすい．特に Android 端末のセキュリティは問題となっている．モバイルやインターネットの利用にあたって各自がセキュリティ意識をもつことが不可欠である．

---

6　CyberZ（2015 年 2 月 18 日）「「2015 年 スマートフォン広告市場動向調査」発表 2014 年のスマホ広告市場規模は 3,008 億円，前年比 1.6 倍成長 2016 年，スマホ広告が国内インターネット広告市場の過半数に達する見込み」（https://cyber-z.co.jp/news/research/2015/0218_1859.html）

また，スマートフォン，タブレット端末，ウエアラブル端末など，多種多様な端末が開発されている．いずれもメリットとデメリットを持ち合わせているため，それらの特徴を十分理解した上で，利用する端末を選択する必要があるだろう．

《発展学習のポイント》
1. あなた自身または家族や友人が，どのようなモバイル端末を持ち，どの程度使いこなしているか考えてみよう．そこに課題はないだろうか，そしてその課題はどのようにすれば克服できるのであろうか．
2. ビジネスにモバイルが活用されている事例を探してみよう．そして，そこにはどのようなメリットとデメリットがあるだろうか．
3. ビジネスでのモバイル活用方法として，もっと創造的・発展的なやり方はないだろうか．そのためにはどのような工夫や留意点があるだろうか．

# 5. クラウドコンピューティング

## 5.1 クラウドコンピューティングとは

クラウドコンピューティングの「クラウド」とは,「雲（cloud）」を指す.コンピュータのシステム概念上でインターネットを雲のような存在として描かれるようになった.

クラウドコンピューティングが登場する以前は,企業がもつさまざまなデー

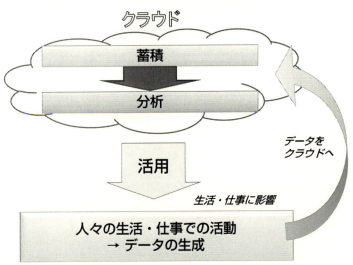

図表5-1　クラウドの情報収集から活用のサイクル

タやソフトウェア，アプリケーションは，企業が保有するサーバやストレージに格納されるという情報システムが主流であった．

ところが，クラウドコンピューティングが登場したことで，大きな変化がおこる．クラウドコンピューティングの場合は，自社内にサーバなどのハードを保有するのではなく，インターネットの先（雲の向こう）にあるサーバで情報を処理するシステム形態をとっている．言い換えれば，ハードウェアやソフトウェアを「仮想上で借りる」ということで，必要に応じてネットワークにアクセスし利用するというものである．

## 5.2 クラウドの技術

クラウドコンピューティングは，仮想化技術という技術を基盤としている．仮想化技術とは，分散処理技術を利用した技術で，一台のコンピュータのなかに複数の基本ソフトを同時に稼働させることで複数のパソコンがあるようにみせたり，複数のコンピュータをまとめたりしてひとつの大きなコンピュータとして活用する技術である．この技術を利用したコンピュータを仮想化マシンといい，どのようなサーバが何台あるかをあまり意識する必要がなく，必要に応じて拡張可能な情報インフラを提供している．また，仮想化マシンを利用することで，導入コストや設置スペースの削減が可能となっている．

## 5.3 クラウドコンピューティングの利点

(1) 無駄のない利用

クラウドコンピューティングの導入により，データ管理専門の人材は，これまでより少なくて済む．そのため，IT人材の調達が難しい中小企業でも導入しやすくなる．

コストについても，これまで各社が担っていたデータセンターのスペースや

維持にかかる電力や冷却のコストが分散されるため，大幅に削減できる．さらに，利用期間や利用料に応じた支払いであり，従来のアウトソーシングなどと比べても，柔軟な利用が可能でコストを削減することができる．

### (2) 処理能力の向上

先に述べた，クラウドコンピューティングで用いられている仮想化技術によって，処理能力が大幅に拡大された．さまざまなタスクの処理スピードがアップされ，仮想マシンによる分散処理技術を利用することで，複数の仕事を複数のコンピュータで分散して処理させることができるため，膨大な量の情報処理も可能となっている．

### (3) アクセシビリティ

クラウドコンピューティングでは，サービス提供の機器を特定しないため，あらゆる場所からあらゆるデバイスでアクセスできる．また，複数の地域に設置したデータセンターから随時最適なデータセンターを選択する，「データセンターの分散化」も始まっている．これにより，災害などでひとつのデータセンターが利用できなくなってしまった場合でも他のデータセンターを利用できる，リスクの低減につながっている．

## 5.4 クラウドコンピューティングの種類

クラウドで提供されるサービスは，視点によってさまざまな分類の方法がある．例えば，対象者が誰かという視点から，次の3つに分類できる．

- 不特定多数を提供対象とする「パブリッククラウド」
- 企業内や企業グループ内を対象とする「プライベートクラウド」
- 両者を組み合わせた「ハイブリッドクラウド」

**図表 5-2　クラウドの情報収集から活用のサイクル**

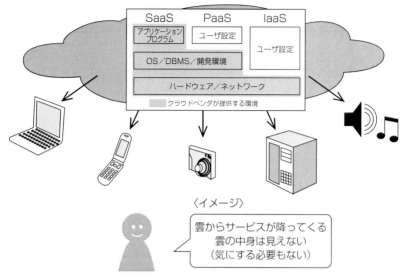

出所：大嶋淳俊（2012）『情報活用学入門』学文社，p.191 を加筆修正

　例えば，我々がパソコン，スマートフォン，タブレット端末などで個人的に使っているクラウドサービスは，「パブリッククラウド」になる．

　提供対象とは別に，クラウドの構成要素によって，大きく3つの形態に分類できる．それぞれについて，詳しく説明する．

### 5.4.1　クラウド基盤層（IaaS）

　「IaaS（Infrastructure as a Service）」とは，「クラウド基盤層」の略称で，サーバやストレージのハードウェア機能をそのまま提供する層のことをいう．例えば，サーバ，CPU，ストレージなどのインフラをサービスとして提供するAmazon EC2 などは，これに該当する．

　IaaS は，ネットワーク，ハードウェア（CPU・メモリー・ハードディスク），OS を提供するサービスで，仮想化技術などによって，ユーザが必要とする分だけが提供される．ここでは，仮想化技術による柔軟な構成変更，データセンターによる堅牢な運用などが求められる．

## 5.4.2　クラウドサービス提供層（PaaS）

「PaaS（Platform as a Service）」とは，「クラウドサービス提供層」の略称で，クラウド上のアプリケーションを提供するための基本的サービスを提供する層のことをいう．ハードウェアやOSなどの基盤一式を，インターネット上のサービスとして遠隔利用できるようにする．例えば，アプリケーション開発環境をクラウド上で実現するSalesforce.comによるForce.comなどはこれに該当する．

PaaSは，IaaSの構成要素に「ミドルウェア」を加えたもので，アプリケーションを稼働させるための基盤（プラットフォーム）をサービスとして提供する．IaaSの構成要素に加え，データベースソフトやWebサーバーソフトといったWebアプリケーションを稼働させるためのソフトウェアや，アプリケーション開発に必要となるソフトウェアが提供される．

PaaSではIaaSとは異なり，ユーザはOSを直接操作することはないため，OSの各種設定や保守作業をユーザ自身が行う必要がない．

■事例：損保ジャパン（現　損保ジャパン日本興亜）
　損保ジャパンは2014年3月，社内オンラインシステムと代理店向けのシステムを日立製作所のPaaSサービスを使うために，同社が運営するデータセンターに移動させた．ハイブリッドクラウドによって，セキュリティとコストの最適化を目的としている．なお，災害対策として，損保ジャパンの利用システムを東日本と西日本のデータセンターの両方に構築している．
　従来は，約1,250台のサーバによって複数のデータセンターで自社運用していたが，仮想化技術を取り入れたPaaSを適用することで，システムの一元的な管理・運用や柔軟な機能拡張が可能となった．
　日立によれば，金融機関の稼働実績としては，国内最大規模に相当するという．

## 5.4.3　クラウドアプリケーション層（SaaS）

「SaaS（Software as a Service）」とは，「クラウドアプリケーション層」の略称で，エンドユーザが利用できるアプリケーションを提供する層のことをいう．

例えば，Google Docs や Dropbox などはこれに該当する．

　SaaS では，ユーザは Web ブラウザを利用して，SaaS 事業者が提供するオフィス系アプリケーションやファイル管理などの Web アプリケーションにアクセスし，サービスを利用する．また，SaaS のアプリケーションの機能が不十分である場合は，ユーザ自身が機能を開発し追加することも可能である．

　SaaS の具体例としては，グーグル社の Gmail や Google Calendar のように，ウェブサイトの画面上でメールやスケジュール管理をすることができるサービスがあげられる．

■事例：老舗旅館「元湯陣屋」
　元湯陣屋は 1918 年に始まる老舗旅館．従来，予約業務や顧客管理は手書きの台帳と Excel を使っていたが，予約が重複したり集まった情報を効果的に活用できないなどの問題を抱えていた．
　SaaS サービスを導入し，それらの管理をクラウド上で行うことで，予約情報や顧客情報の一括管理が可能となり，すべての情報をリアルタイムで共有できるようになった．部門間での意見交換の場にもなり，事業の活性化にもつながっている．

## 5.5　企業のクラウド利用状況

　総務省「平成 26 年通信利用動向調査の結果（概要）」によると，クラウドを全社的または一部の部門で利用している企業は 2014 年末時点で 38% と，2010 年から 3 倍近くに増えている．

　産業別の利用状況をみると，「金融・保険業」が 58.3% と最大で，次いで「卸売・小売業」，「建設業」がそれぞれ 40% を超えている．一方，利用率が低いのは「運輸業」の 19.6% である．

　資本金規模別の利用状況では，資本金規模の大きさと利用状況は比例関係にあり，例えば，資本金 5,000 万円〜1 億円では 38.9% なのに対して，資本金 50 億円以上は 73.4% と倍近くになっている．利用機器は 9 割以上がパソコンだが，

スマートフォンやタブレット端末も3割程度ある[1]．

クラウドの利用内容については，「ファイルの保管・データ共有」「電子メール」「サーバ利用」といった項目が全体の約4割〜5割と多く，これらはSaaSまたはPaaSに分類されるサービスの利用が中心と見られる．「システム開発・Webサイト構築」や「認証システム」といったIaaSが想定される項目は，4%以下にとどまっている．

クラウドの利用企業が感じている大きなメリットは，「社内に（IT）資産，保守体制を持つ必要がない」「低コストに抑えられる」などである．また，クラウドの導入で効果が得られたと感じた企業は，8割に達している[2]．

一方，クラウドを利用しておらず，今後も利用予定がない企業は，過去数年間で一貫して3割程度である．その理由としては，「必要性を感じていない」「情報漏洩に対する不安」「メリットが分からない，判断できない」などがあげられている．また，「クラウドについてよくわからない」と答える企業も13.1%存在する．

今後，クラウドの利用企業を増やすためには，クラウドの特長や適切な運用方法についての周知がまだまだ必要だといえる．

## 5.6 課題と展望

クラウドコンピューティングは，eビジネスにさらなる進化をもたらす可能性を秘めているが，一方で，次のような懸念も指摘されている．

### (1) 情報漏えいの危険性

クラウドサービスを利用するということは，自社の重要情報を含むさまざまな情報を大規模仮想環境に預けるということである．そこでは，多数の利用者

---

1 総務省（2014）「平成25年通信利用動向調査結果の概要（企業編）」p.33
2 総務省（2015）「平成26年通信利用動向調査の結果（概要）」pp.19-20

のデータが共同処理され，世界中の複数のサーバに分散的に管理されるため，利用者にとっては所在情報やセキュリティレベルが不明な環境に預けることにもなりかねない．

(2) 管理体制と責任の不明確さ

クラウドサービスの利用において，個人情報や企業の重要情報等が大量に集積されるため，ハッカーに狙われる対象になりやすい．自社で情報を管理せず，クラウド事業者へ委託するので，ハッカーの攻撃等への防御やシステム保守等は事業者に任される．そのため，リスクや責任の所在について，契約前に検討して明記しておく必要がある．

また，データセンターやヘルプデスクが遠隔地または国外に設置されている場合も多く，立地リスクやサポートの対応言語，対応可能な時間帯にも留意する必要がある．

(3) 企業活動全体への影響

クラウドサービスの利用において，企業が利用している情報がネットワーク経由で管理されているため，ネットワークの不具合やクラウド事業者のトラブルによって情報にアクセスできなくなると，企業活動全体に影響が出る．

クラウド事業者自体が倒産などすれば，情報システムの運営自体に大きな支障が生じる可能性もある．

クラウドでトラブルが起きて情報が全て消失される可能性もあるため，適切なバックアップが必須になる．ただし，過去にバックアップに失敗して，預かっていた情報自体を喪失させてしまった例もあり，信頼のおけるクラウド事業者の選定と，保証のルールが重要である．

今後の情報システムは，従来の自社運用型とクラウドコンピューティングそれぞれの特徴を理解したうえで，トータルコストや安全性，そしてシステムの進化の度合いをみながら，最適の方法を選択する必要がある．

**《発展学習のポイント》**
1. クラウドコンピューティングは，どのような理由で発展し，普及してきたのであろうか．
2. クラウドコンピューティングが活用されている事例を探してみよう．そして，そこにはどのようなメリットとデメリットがあるのだろうか．
3. クラウドコンピューティングの活用方法として，もっと創造的・発展的なやり方はないだろうか．そのためにはどのような工夫や留意点があるだろうか．

# 6. ソーシャルメディア

## 6.1 ソーシャルメディアとは

　インターネットの爆発的な普及やスマートフォンおよびタブレット端末などのネットワークと情報通信機器の大幅な進展・進化により，情報化社会は新たな段階に達している．従来のマスメディアだけでなく，個人が情報を発信する動きが強まり，情報の発受信の在り方が多様化し，コミュニケーションの頻度と広がりが高まっている．そこで活用されているのがソーシャルメディアである．

　ソーシャルメディアとは，Web 上で提供されるサービスのうち，ユーザの積極的な参加によって成り立ち，ユーザ間のコミュニケーションをサービスの主要価値として提供するサービスの総称である．Google の検索エンジンに代表されるサービスのキーワードは「調べる」なのに対して，フェイスブックなどの SNS のキーワードは「つながる」であるといわれる．

　ソーシャルメディアの主なサービスとしては，ブログ，ミニブログ／マイクロブログ，SNS，無料通話・チャット，動画共有・ライブ配信などがあり，概要や特徴は，次の図表 6-1 のとおりである．

## 図表6-1　主なソーシャルメディアの概要と特徴

| 技術・サービス | 概要 | 特徴 |
|---|---|---|
| ブログ | テキストや画像などを使った日記風の記事が時系列に生成されたWebサイト.<br>【例】Ameba ブログ, Yahoo ブログ等 | ・CMSにより, テキストを書き込むと記事が時系列で生成される.<br>・他者のブログ記事を基に新たに記事を書く際, 参照先のブログに記事の要約を通知する（トラックバック機能）.<br>・記事を更新すると, 要約を自動配信する（RSSフィード）. |
| ミニブログ／マイクロブログ | 簡易ブログとも呼ばれる. 多くの場合, 1度の投稿で140字程度の制限がある.<br>【例】Twitter等 | ・投稿と同時に更新される複数の投稿が一覧表示される.<br>・字数制限のなか,「#」(ハッシュタグ)や「@」(アカウント)などの記号を使って, 特定の話題を共有したり, 特定の人物へのメッセージを送ることができる. |
| SNS (Social Networking Service) | Web上で共通の趣味や話題を持つ者同士がコミュニケーションできるサービス.<br>参加者からの紹介や実名登録を必要とする場合が多く, 実社会での人脈の延長線上にあるサービスととらえることもできる.<br>【例】Facebook, Instagram, Pinterest, LinkedIn, Wantedly, Google+, mixi, 等 | ・日記やプロフィールの公開, SNS内のコミュニティでの交流など<br>・APIを公開しており, SNS内で利用できるゲーム, 学習, ツールなどの関連アプリが豊富.<br>・スマートフォンなどのアプリでの利用を前提としているものもある. |
| 無料通話・チャットアプリ | 同じアプリをダウンロードした者同士が, 無料の通話やチャットを利用できるサービス. スマートフォンで使われる場合が多い.<br>【例】LINE, Skype, カカオトーク, WhatsApp, viber, 755等 | ・同じアプリをダウンロードした相手と無料で通話, チャットが可能.<br>・国内外を問わず利用可能.<br>・画像・動画の送信, テレビ電話などができるものもある.<br>・通話やチャット以外にも, SNSやマイクロブログにある自分の近況等を伝える統合画面（タイムラインと呼ばれる）やゲームなどの機能を持つものもある.<br>・SNS的な機能を持つものが増えて, SNSの一つに分類されることもある.<br>・一対一, 仲間同士のクローズドな |

| | | コミュニケーションを前提とするものが多いが，トークが全て公開されるものもある． |
|---|---|---|
| 動画共有・ライブ配信 | Web上で動画を投稿・共有するサービス．家庭用ビデオカメラだけでなく，パソコンのWebカメラやスマートフォンなどで撮影した動画を容易に投稿することができる．<br>【例】YouTube，ニコニコ動画，Ustream，TwitCasting等 | ・サーバに保存された動画をダウンロードして視聴する「オンデマンド配信」と，撮影と同時に動画を視聴する「ストリーミング配信」がある． |
| 集合知・共有サイト | Web上で情報を投稿・共有するサービス．一人ひとりの知識の集積が専門家の知識を凌ぐことがあり，集合知と呼ばれる．<br>【例】Wikipedia，COOKPAD等 | ・Wiki：Webブラウザを介して，複数人によるコンテンツの生成・編集ができる（Wikipedia等）．<br>・ソーシャル・ブックマーク：Web上でブックマークを共有できる（はてなブックマーク等）． |
| ソーシャルゲーム | SNSのアカウントを使い，Webブラウザ上で動作するゲーム．SNSが持つコミュニティを活かしてユーザ同士で競い合いながら交流もできる．携帯電話やスマートフォンでも動作する．基本的な利用は無料だが，アイテムなどで課金することが多い．<br>【例】Gree，mobage，ガンホー，コロプラ | ・SNSが公開したAPIを基に制作され，専用のクライアントソフトウェアがなくても，Webブラウザで動作する．<br>・ゲーム内のアイテムの課金収入がソーシャルメディア市場をけん引している． |
| ポッドキャスト | iTunesなどのソフトウェアを使って番組を登録し，コンテンツ（音声や動画等）が更新されると，それをiPodなどのポータブルマルチメディアプレーヤーに自動配信する仕組み． | ・RSSフィードを利用して，新着コンテンツを自動配信する．<br>・場所や時間に捉われず視聴でき，ラジオの電波が届かない地域にも配信できる．<br>・個人が番組を持つことも可能．<br>・電子書籍にも対応している． |

出所：大嶋淳俊（2012）『情報リテラシーを超えて 情報活用学入門～情報化社会の「攻め方」・「守り方」～』学文社，p.44に加筆修正

## 6.2　ソーシャルメディアの動向

### 6.2.1　ソーシャルメディアの普及状況

　ソーシャルメディアの利用者は，スマートフォン等の普及もあいまって，急速に増加しつつある．世界最大のSNSサービスを提供しているFacebookの月間利用者数は，十数億人にのぼるという．

　スマートフォン，タブレット端末の利用者は，ソーシャルメディア（マイクロブログ，SNS，動画投稿）の利用率がパソコンや携帯電話利用者に比べて高くなる傾向にある．いつでも手軽にインターネットにアクセスできるスマートフォン等の普及が進んでおり，ソーシャルメディアの利用は今後さらに広がるであろう．

### 6.2.2　利用実態

　総務省「平成26年通信利用動向調査」によると，日本のソーシャルメディア（ブログの開設・更新，マイクロブログの閲覧・投稿，SNSへの参加，電子掲示板・チャットの閲覧，書き込み，動画投稿・共有サイトの利用）の利用率は，全体で前年から5.0ポイント上昇して5割近くになっている．

　年齢階層別にみると，利用率は13～49歳までの各階層で5割を超えており，特に20～29歳は7割強に達している．50歳以上の階層では年齢が高くなるほど利用率は低下する傾向にあるが，50～59歳でも3.5割を超えており[1]，今後，高齢者のソーシャルメディア利用は年々増えていくことが予想される．なお，ソーシャルメディアの利用に関して，男女差はそれほどないといわれている．

---

[1]　総務省（2015）「平成26年通信利用動向調査の結果（概要）」p.11

## 6.3 主なソーシャルメディアの事例

### 6.3.1 SNS（Social Networking Service）

SNS（Social Networking Service）とは，共通の話題や趣味をもつ人同士が繋がり，ウェブで情報共有や意見交換ができるサービスの総称である．参加者からの紹介を必要とする場合もある．

特徴は，次のとおりである．
①日記やプロフィールを公開[2]して，インターネットの特性のひとつである「匿名性」をある程度排除し，クローズドなネットワーク構築が可能．
②実社会でのつながりを可視化・セグメント化が可能．

上記の①については，日記へのコメント機能やSNS内のコミュニティでの交流などがある．②については，実名登録を基本とするFacebookやLinkedInなどがある．

最近は，匿名で利用ができ，写真の投稿が中心で手軽に利用できるSNSに人気が出ている．写真中心であればテキストを投稿するよりも手軽であり，「いいね！」ボタンなどとの併用で，異なる文化・言語の人とも簡単に広く交流ができる．その代表的なサービスであるInstagram（インスタグラム）は，近年，月間利用者が急激に伸びている．

ここでは，世界的に利用されていて，月間利用者数が多い，Facebook（フェイスブック）とInstagram（インスタグラム）を取り上げる．

(1) Facebook
①概要
Facebookは，2004年に米国の大学生向けに開始された．2006年9月以降は

---

2 ただし，ユーザが公開範囲を設定できる．

一般にも開放し，日本語版は 2008 年に開設された．13 歳以上であれば無料で参加できる．基本的に実名登録制となっており，個人情報の登録も必要である．

②現状・取り組み

日本における Facebook のユーザ数や普及率が，他国と比べて比較的低いのは，2000 年代は国内最大の SNS「mixi（ミクシィ）」が日本の SNS 市場をほぼ独占してきたことや，初期において Facebook の「実名登録制」にプライバシーを心配する日本人が躊躇していたことなどがあげられる．

2008 年 5 月，ボランティア利用者がサードパーティの翻訳アプリケーションを使って無償作業をして，初めて日本語化されたインターフェイスが公開された．しかし，はじめはソーシャルメディアそのものに関心のある業界人や帰国子女，海外留学経験者，外国人とのコミュニケーションを楽しめる人というような，日本のなかでも一部の人によって利用されるにとどまっていた．

2010 年 1 月には，米国以外で初の支社である Facebook Japan を東京で発足させた．当初のスタッフは計 4 人だけで，この頃の Facebook Japan は「Facebook の良さをどうやって日本に伝えていくかということ」，「日本の携帯電話でも Facebook を使えるようにすること」に取り組んでいた．

2011 年以降，国内の Facebook の月間利用者数は急増し，2011 年秋には mixi を超えたと報道された．その後も日本の月間利用者数は増え続けていたが，2012 年後半以降は日本での月間利用者数の伸びは以前より鈍化したといわれている．

しかし世界的にみると，モバイル対応の強化や，若者に人気の Instagram との連携などにより，同社の月間利用者数は，2012 年には 9 億人，2015 年第 4 四半期には約 16 億人（前年同期比で約 15%増）に達している．

今後は，単なる登録者数の増加だけでなく，交流を活性化させて，いかに月間利用者数を伸ばしていくかが引き続き課題といえる．

(2) Instagram

①概要

Instagram（インスタグラム）は，近年急激にユーザ数を伸ばしている無料の画像（写真）共有アプリであり，写真と動画に特化した SNS である．ユーザ

は，スマートフォンなどで撮影した写真や動画を編集し，同サービスあるいは，Facebook や Twitter など他の SNS でも共有できる．投稿された写真や動画は，フォロワーのみに公開され，フォロワーは閲覧した投稿に対して「いいね！」をつけたり，コメントしたりする．投稿にテキストをつけることもできるが，長くても数行程度と，Facebook など他の SNS に比べて短い傾向にある．

Instagram の開発者であるケビン・シストロム氏は，2010 年に Instagram 社を立ち上げ位置情報アプリの開発に着手したが，その後写真の共有に活路を見いだし，同年 10 月に写真に特化したアプリ「Instagram」の提供を開始した．2012 年 4 月に米 Facebook 社に買収されたが，現在でも独立して運営されている．

2013 年 6 月には，競合する他の SNS に対抗し，動画の投稿・再生機能が追加されたが，Instagram はアプリの肥大化（機能の多様化）を避ける傾向にあり，新機能を別のアプリとしてリリースすることもある．

②**現状・取り組み**

Instagram の登録者数は，2010 年の提供開始からわずか 3 カ月程度で 100 万人を突破し，翌 2011 年 6 月には 500 万人，同年 9 月には 1,000 万人に達した．2012 年 7 月の初公開時には 8,000 万人とされていた月間利用者数は，2014 年 12 月の時点で 3 億人を，2015 年 9 月には 4 億人を超えた．国内の利用者数も急激に伸びており，2015 年 9 月の時点では 920 万人と 1 年前と比べて倍増している．

Instagram で投稿した写真や動画には，Twitter と同様に「ハッシュタグ」（例：# kawaii）をつけることができる．Instagram には「シェア」機能が備わっていないため，他の SNS のように投稿を自動的に拡散することができない．したがって，ユーザは他のユーザのハッシュタグ検索に引っかかるように，投稿に複数のハッシュタグをつけるのが一般的である．

また，Instagram では，複数のフィルターを選択することができ，ユーザは写真や動画をトイカメラで撮影したようなものや，一眼レフで撮影したようなものなどに加工することができる．投稿写真の高い質が多くの人を惹きつけているが，特に「おしゃれ」なものを好む傾向にある若い女性の利用率が高い．

このようなユーザーが多いため，アパレルやコスメなど，女性を主な顧客とする企業によりビジネス利用も活発化している．公式アカウントを開設し，投稿写真や動画に自社ブランド関連のハッシュタグを組み込むことで，ブランドや商品の認知度を向上させることができる．フォロワーにクーポンや非売品をプレゼントするなど，Instagram 限定のキャンペーンも行われている．

また，Instagram は 2015 年 5 月より日本国内でもアプリ内の広告配信を開始したが，その時点では厳しい選定基準をクリアした一部の大企業のみに配信の許可が与えられていた．しかし，同年 10 月には，企業が自社で設定した予算内で広告を配信できる「セルフサーブ型広告」の提供が開始され，企業規模に関わらず，低予算でも利用できるようになった．このサービスにより，今後，企業による Instagram のビジネス活用がさらに進むと予想される．

## 6.3.2　ミニブログ／マイクロブログ

Twitter に代表されるミニブログ／マイクロブログとは，ブログをさらに簡素化させた簡易ブログのことである．アーカイブやコミュニケーション，情報収集など，活用方法は多様かつ自由である．サービス名としては，Twitter, Tumblr, さらに中国ではウェイボー（微博）などがある．

ここでは，代表的な Twitter を取り上げる．

### （1）Twitter

#### ①概要

Twitter は，140 字以内でメッセージを発信し，相互にコミュニケーションを取ることができるサービスである．「いまどうしてる？」に応える形で，PC や携帯などを経由して，140 文字以内で発信する．発信したメッセージはつぶやき（ツイート）と呼ばれ，間接的に緩やかなコミュニケーションが取れる．リアルタイムでメッセージを交わしてコミュニケーションが取れる点ではチャットに近く，ひとりごとのようなつぶやきを蓄積するという意味ではブログの要素ももつため，ミニブログとも呼ばれる．他のユーザのツイートを受信（フォロー）し，相互にコミュニケーションを図るという SNS 的な側面ももつ

ため，リアルタイム SNS と呼ばれる場合もある．

　ユーザのツイートを受信（フォロー）する際の認証は不要で，一方的に受信することが可能である．これは，旧来の SNS が相互認証を前提としていた点と大きく異なる．また，ハッシュタグ（例：#homeworkers）を利用して，共通の話題で不特定多数との会話を楽しむことができる．これは，シンポジウムやイベントなど対面の場でも不特定多数の人とのリアルタイムなコミュニケーションの手段として活用されることもある．

　このように，Twitter は 140 文字という制限のなかで，「L：場所」（位置情報），「#話題」（タグ），「@アカウント名」（特定のユーザへのメッセージ）などの文字や記号を使い，より多くの充実した情報を盛り込むことができる．

②**Twitter の特徴**

　多くのフォロワーをもつユーザは，他のユーザのツイートを再発信するリツイートと呼ばれる機能を使って，情報を迅速かつ広範囲に伝搬することができる．2011 年 3 月の東日本大震災ではこの特性が発揮され，携帯電話やスマートフォンなどから，人命救助や，特定の地域や詳細な品目が書かれた救援物資の提供呼びかけ，首都圏の交通機関のリアルタイムな混雑状況の発信などに役立った．一方でデマなども多く飛び交った．真偽がわからない情報を不用意に広めない，他のメディアと組み合わせて情報の真偽を確かめるといったユーザの情報リテラシーが改めて問われる事態となった．

　また，字数を確保するために URL の文字数を短縮させるサービスを用いることがあるが，最近ではこの「短縮 URL」を使って違法サイトなどに誘導する手口が報告されており，注意が必要である．

　このように，Twitter は，「友達や家族とつながる」ネットワーキング重視のサービスの側面から，情報ソースとしての「ソーシャルメディア」としての側面へと移行しつつあるといえる．一例として，企業のマーケティングやプロモーション利用（米デル社はアウトレット製品のバーゲン情報の配信やユーザからの相談や問いかけにも応じている）や，既存のマスメディアが配信する記事との連携などがある．

　その他の特徴としては，「API」（Application Program Interface）を公開してい

るため，世界中の開発者により専用クライアントやアプリケーション開発を手がけられている点があげられる．一例として，Twitter の分析ツール，Facebook との連携（ツイートを Facebook に自動反映），Ustream などの動画共有・ライブ配信サイトとの連携（Web カメラやスマートフォンから生放送し，その URL を Twitter で共有），企業用 Twitter クライアント（複数人での管理や予約投稿が可能），GPS 機能を活用した位置情報 SNS などがある．

また，膨大なツイートのなかから検索ワードにヒットする最新のものを検索できるリアルタイム検索機能を追加している．

③現状・取り組み

Twitter のサービスは 2006 年 7 月から米国で開始された．日本では，2008 年 1 月にデジタルガレージグループが Twitter に出資して日本展開の支援を発表し，2008 年 4 月にはユーザインターフェースを日本語化した日本語版が利用可能になった．そして，2009 年 10 月には携帯電話向けサイトを開設した．

Twitter は，もともと文章のみの携帯電話の Text で利用できるように設計されたものである．日本では i モード以来，インターネットの普及に携帯電話が大きな役割を果たしていたことから，携帯電話で利用しやすい Twitter は，当初は PC での利用を想定していた Facebook 以上に，また匿名性ということもあり，日本人にとって親しみやすかったといわれている．

モバイル端末でよく利用される Twitter は，今後はユーザ数や利用方法などを多様にしていく予定である．例えば，これまで文字だけで表示していたツイートに返信を表示したり，リンク先の写真やウェブページのサムネイル画像を表示する「Twitter Card」を導入するなど，1 ツイートそのものが情報単位として流通させる環境を整備している．

また，iPhone 向けの OS「iOS 5」以降は Twitter が OS に統合され，リンクや写真などを瞬時に共有できるようになっており，スマートフォン等の端末の変化に対応することを重視している[3]．

---

3 ASCII.jp（2013 年 6 月 5 日）「Twitter の未来は日本人が決めるのかもしれない」（http://ascii.jp/elem/000/000/792/792499/）

2012年には1億4,030万人であった月間利用者数は，2014年には2億2,750万人，2015年10月の時点では3億1,600万人に達している[4]．

しかし，近年は，写真中心のSNSやスタンプを多用したSNSの成長に押されて，月間利用者数の伸びは鈍化しているともいわれている．

## 6.3.3 無料通話・チャットアプリ

無料通話・チャットアプリとは，同じアプリをダウンロードした者同士が，無料の通話やチャットを利用できるサービスである．スマートフォンで使われる場合が多いが，タブレット端末などでも使われることもある．

国内外を問わず利用可能で，画像・動画の送信，テレビ電話などができるものもある．また，通話やチャット以外にも，SNSやマイクロブログにある自分の近況等を伝える統合画面（タイムラインと呼ばれる）やゲームなどの機能をもつものもある．このように，最近ではSNS的な機能をもつものが増えて，SNSのひとつに分類されることもある．

通常のSNSなどでは，自分のメールアドレスや名前などを登録しなければならないが，無料通話・チャットアプリの場合は基本的に携帯電話番号だけで済むので，非常に手軽なため利用者が急増している．

代表例としては，LINE，Skype，カカオトーク，WhatsApp, viber等がある．ここでは，日本で最も成長が著しいといわれているLINEをとりあげる．

### (1) LINE

#### ①概要

LINE（ライン）とは，無料通話・メッセージアプリの機能を備えるほか，コンテンツの提供も行うスマートフォンでの利用を主眼としたサービスである．2011年6月から，韓国の大手IT企業NHN社の日本法人が提供していた．そ

---

[4] 米Twitter社（2015年10月5日）「Twitter to Announce Third Quarter 2015 Results」http://files.shareholder.com/downloads/AMDA-2F526X/1335595692x0x853160/38802D5B-FD0F-4339-83EA-EEC295DF033C/TWTR_FINAL_Q315_Earnings_Date_Announcement_CS.pdf

の後，2013年4月1日にNHN Japan株式会社が会社分割してLINE株式会社という新会社を発足させ，LINEのサービスを運営している．

②現状・取り組み

LINEの登録者数（LINEのサービスに利用登録した人数）は2014年4月1日に4億人を突破したが，2011年6月にサービスを開始してから2年9ヵ月での4億人到達は，SNSの世界大手のFacebookを上回るペースであった．月間利用者数という観点から見れば，2014年第3四半期には約1億7,000万人であったが，2015年第3四半期までの1年間で4,000万人余りが増加し，約2億1,200万人に達した[5]．約230の国と地域で使われており，海外の利用者が全体の8～9割を占めると言われている．最近は北米や西欧で利用者が増えてきている．

短期間で多くのユーザを獲得できた主な理由として，スマートフォンに特化したことがあげられる．また，最初に登録する際，他社の同種のサービスだとユーザIDを取得することから始めるが，LINEは電話番号をベースにすぐに登録でき，電話帳との連携もスムーズである．コミュニケーションに特化して簡素化したことも理由としてあげられる．

LINEは「トーク」と無料通話がサービスの基本となっているが，いずれのサービスも無料である．アプリ内に広告は掲載していないが，提供開始から1年余りの2012年7月にすでに5億円の収益を上げている．その収益源は，LINE専用のスタンプの販売である．表現豊かにチャットをしたい利用者にとってのニーズは高く，売上げは好調である．また，LINEゲームのなかで課金制度を設けているものもあり，今後はゲームやアプリによる収入源の強化が必要だといわれている．

LINEの当初からある機能「トーク」や通話機能に加えて，Channelによるプラットフォーム化がはかられている．また，2012年8月からは「ホーム」「タイムライン」といったLINEの友達同士で情報を共有するための新機能が

---

[5] LINE株式会社（2015年10月29日）「【コーポレート】2015年7-9月期，業績についてのお知らせ」(http://linecorp.com/ja/pr/news/ja/2015/1133)

追加されるなど，LINEのあり方自体が変化してきている．また，「ホーム」では自身のホーム画面を示し，カバー写真を変更したり，テキストや写真，位置情報などを用いて自分の近況を伝えるFacebookのような機能を提供している．

「タイムライン」では，友人のホームに記述された内容を閲覧したり，コメントしたりできる．こちらはイメージとしてはTwitterに近いが，LINEらしくテキストだけでなく，スタンプでコメントできるようになっている．「友だち」ごとに設定可能なため，限られた仲間との私的なやり取りも可能である．これらの機能はSNSの要素が強く，従来のLINEの用途にこのような機能を加えることで，さまざまなSNSのなかで生き残れるよう備えている．

2013年末からはスマートフォン向けショッピングサイト，2014年3月からは会員以外とも通話可能な電話サービスの開始など，サービスの多角化も進めている．一方，未成年が犯罪に巻き込まれる事件もあるため，他の利用者が18歳未満の利用者を検索しても表示されないようにするなどの対策も進めている．

### 6.3.4 動画共有・ライブ配信

動画共有・ライブ配信とは，個人が撮影した動画を投稿・共有したり，インターネット端末とウェブカメラを使って手軽に映像のライブ配信（生中継）を行うことのできるサービスのことである．配信方式として，「オンデマンド配信」と「ストリーミング配信」がある．

「オンデマンド配信」は，サーバを経由して送られてきた動画データをユーザがハードディスクにダウンロードして視聴する方式である．視聴者からのコメント機能や関連動画のレコメンド機能などがある．最近では，映画の予告やアーティストのプロモーションビデオ，テレビ番組の宣伝などプロモーションツールとしても利用されている．サービスとしては，YouTubeやニコニコ動画などがある．

一方，「ストリーミング配信」の特徴は，①ストリーミングサーバーを経由したライブ配信（生中継），②TwitterやFacebookとの連携により視聴者同士の意見交換が可能であり，結果的に非視聴者への広報にも繋がることなどであ

る．最近では，マスメディアが放送しないニュース映像を配信するなど，メディアとしての役割も担っている．サービスとしては，Ustream，ニコニコ生放送などがある．

ここでは，日本発の動画共有・ライブ配信サービスであるニコニコ動画を取り上げる．

### (1) ニコニコ動画

#### ①概要

「ニコニコ動画」とは，2006年12月より実験的に開始し，2007年1月から正式に発足した日本独自の動画共有サービスである．動画の画面上への書き込みを可能にして参加型体験を促進するなど，ユニークなサービスを展開して動画共有サービスのなかで独自の立場を確立している．

「ニコニコ動画」の運営会社は，株式会社ドワンゴである．事業の拡大につれ，ニコニコ生放送やニコニコ静画など，動画共有サービスの枠を超えた多くの派生サービスを展開している．

これまで，「ニコニコ動画」という名称はこれらサービスの総称でもあったが，2012年5月には新しい総称である「niconico」が発表され，「ニコニコ動画」は「niconico」のサービスのひとつの動画共有サイトと位置づけられている．

#### ②現状・取り組み

niconicoの会員数は，登録会員数（無料），プレミアム会員数（有料）ともに増加している．特に，プレミアム会員の増加は収益に直結しており，売上げも順調に増加している．現在は，ポータル事業における売上げが伸びている．

2012年からはリアルタイムの配信映像を視聴しながらコメントやアンケートを書き込むネットライブサービス「ニコニコ生放送」の提供を開始するなど，事業の幅を広げている．

そして，「ニコニコ動画のすべて（だいたい）を地上に再現する」をコンセプトに，千葉県の幕張メッセにて巨大イベント「ニコニコ超会議」を毎年開催している．このイベントの2012年4月の来場者（2日間）は約9万3,000人で，

公式生放送の視聴者は約347万人であった．2015年4月にはのべ来場者（2日間）は約115万1,000人で，公式生放送の視聴者は約794万人に増加している[6]．このように，ネットとリアルを融合したイベントの開催も行っている．

今後の方針としては，急速に普及しているスマートフォンへの対応強化があげられる．例えば，iPhoneとAndroid対応のアプリを提供する「niconicoスマートフォンサービス」を展開している．また，イラストを投稿したり，マンガや電子書籍にコメントを付けて楽しむ「ニコニコ静画」のサービスの拡充にも力を入れる予定である．

また，集英社，講談社，小学館，角川グループなど大手出版社をはじめとした出版社約125社と提携し，有料コンテンツの配信を開始している．電子書籍コンテンツは，コミックを中心にライトノベルや写真集など約3万冊以上あり，コミックコンテンツの配信プラットフォームとして日本最大級となっている．

プラットフォームの強化も重視しており，チャンネルを基軸とした新たなサービスを提供すること，さらに基本機能の充実と新たなシステムを構築していく予定である．

2014年10月に，株式会社ドワンゴは，角川書店などで知られる出版大手のKADOKAWAと経営統合した．KADOKAWAがドワンゴと経営統合を決めた理由は，インターネット動画が若者の娯楽の中心になってきたためだといわれている．KADOKAWAがもつ書籍や映画，ゲームなどの豊富なコンテンツを国内外で約3,900万人の会員（うち有料会員223万人，2014年5月現在）を有する「ニコニコ動画」を通じて海外に発信する．

今回の経営統合は，老舗の出版社と新興のネット企業が手を組むという新たな形でのメディアの再編であり，今後の動向に注目が集まっている．

## 6.3.5　集合知・共有サイト

複数の利用者がサーバ上におかれたひとつの文書をブラウザ経由で自由に編集できる仕組みはwiki（ウィキ）と呼ばれている．wikiを利用した代表的な

---

6　ニコニコ超会議2015Webサイトより（http://www.chokaigi.jp/2015/）

サービスとして，誰でも執筆・編集できるオンライン・フリー百科事典の「Wikipedia」がある．

Wikipedia は，2001 年にジミー・ウェイルズ氏によって創立された非営利財団 Wikimedia によって運営されている．2015 年 3 月時点で 288 言語あり，全言語総計 3,400 万項目以上の記事を蓄積している．日本語版だけで約 100 万件の記事がある[7]．

Wikipedia は「集合知・共有サイト」の代表例だが，内容の信憑性については議論があり，政治的な用語については対立する人々が添削しあうため編集を凍結せざるをえない，といった問題も起きている．

しかし，不特定多数の人たちが無償で協力し合い，場合によっては専門家が感心するようなコンテンツを作り上げたり，これまで専門家と呼ばれる人が存在しなかったニッチな分野の情報をまとめあげているものもある．

Wikipedia の他にも，Web 上にブックマークを保管し，タグ付けやコメントを付加して他のユーザと共有できるソーシャル・ブックマークなども集合知と分類されることが多い．日本では「はてなブックマーク（はてブ）」が有名である．

その他，集合知を活かした Web サービスの有名な例としては，「価格.com」（パソコン，電化製品等，http://kakaku.com/)，「COOKPAD」（料理，http://cookpad.com/)，「食べログ」（外食，http://tabelog.com/）「4travel.jp」（旅行，http://4travel.jp/)，「@cosme」（化粧品，http://www.cosme.net/)，「みんなの就職活動日記」（就活，http://www.nikki.ne.jp/）などがあり，分野も多様化している．

さらに，集合知を集める Web サービスとして，クラウドソーシングが利用されている．2000 年代後半からアメリカでは広く利用されていたが，日本では 2013 年頃から急速に普及している（クラウドソーシングの詳細は後述）．

---

[7] Wikipedia「ウィキペディア」のページ（https://ja.wikipedia.org/wiki/%E3%82%A6%E3%82%A3%E3%82%AD%E3%83%9A%E3%83%87%E3%82%A3%E3%82%A2)

### 6.3.6　ソーシャルメディア・ビジネスの展望

　前述のとおり，日本におけるソーシャルメディア・ビジネスの中核的な存在は，SNSとマイクロブログ，そして動画共有関連のビジネスである．

　これまでみてきたように，日本独自のSNSサービスとして登場したmixi，SNSサービスだがソーシャルゲーム事業が伸びて事業を拡大してきたMobageやGREEなどが主要プレーヤーであった．また，ニコニコ動画は，動画の画面上への書き込みを可能にして参加体験型を促進するなど，ユニークなサービスを展開して独自の立場を確立している．

　一方，2000年代後半から外資系企業の参入も相次いでおり，Twitter，Facebook，LINEは日本で急速に普及し定着をみせている．

　国内のSNSビジネスの特徴は，MobageやGREEなどソーシャルゲームの側面が強い点である．当初はSNSの会員登録を促すために無料で提供を始めていたが，テレビコマーシャルの影響もあり，ゲーム目当てに登録する会員が急増して，SNSとしての機能はそれほど使われていなかった．最近では，会員数が減少しているmixiもゲームの提供に力をいれている．

　MobageもGREEともゲームアイテムの課金で急成長したが，一方で，子どものユーザなどが知らず知らずに何万円も使ってしまうなどの問題が発生したり，競合他社との訴訟合戦なども起きていた．また，両社のゲームは，主に従来型携帯電話を主要利用端末としていたため，2012年頃から急激に普及したスマートフォン対応に出遅れてしまい，スマートフォン向けアプリによってゲームを提供する他社の台頭をゆるす結果になった．そのため，スマートフォン向けアプリの開発に力をいれている．

　ニコニコ動画は，そのユニークさゆえに有料会員の確保はこれまでのところ順調に進んでおり，関連サービスの充実をはかることで，それらの相乗効果をいかに出せるかが今後の鍵となると思われる．

　TwitterとFacebookともに，日本での普及は進んで一定の定着を見せたといえる．ただし，登録ユーザは増えているが，他の先進国と同様，使い方に慣れなかったり飽きてしまったりといった「SNS疲れ」の傾向もみられており，

実際の利用頻度は横ばいか，むしろ減少しているという指摘もある．また，SNSサービスについては，ビジネスキャリアの成長に役立つことを主眼にしたSNSなど新たなサービスが誕生しているが，まだこれからという段階である．

2013年以降，大きく注目されているのがLINEである．当初はSkypeのような無料電話・メールサービスの簡易版として認知されて急速にひろまった．現在は，「スタンプ」と呼ばれるキャラクターのイラスト販売や，広告・マーケティング支援による企業の有料会員化，最近ではマンガ等のビジネスなどにも手を広げ，収益化を順調に進めている．

今後は，いずれのソーシャルメディア・ビジネスにおいても，日本市場で急速に普及するスマートフォンとタブレット端末など，多様な利用デバイスに迅速かつ的確に対応していくことが必須と思われる．

## 6.4　企業のソーシャルメディア活用実態

近年，ソーシャルメディアをマーケティングや社内のコミュニケーションツールとして活用するなど，ソーシャルメディアの利用は企業の間に着実に広がっている．1990年代後半から2000年代は，企業の対外的なインターネットの活用は自社の公告・宣伝等を目的としたウェブサイトの開設だった．それが，ソーシャルメディアの普及により，ウェブサイトに加えて，FacebookやTwitterなどソーシャルメディアの活用が活発化している．マーケティング，プロモーション，キャンペーン，採用活動等で活用している．

例えば，ソーシャルメディアのアカウントやページを作ってクーポンやキャンペーン情報を提供するなど，ウェブサイトとは別のルートでの情報発信の場として，興味関心のある人にフォローしてもらう．その内容に関心のある人同士がソーシャルメディアでつながっている場合が多いので，マーケティングやプロモーション効果が期待できる．

また，顧客と双方向のやりとりをすることで顧客の考えなどの情報を得たり，集めた情報を商品開発やサービス向上に役立てることも考えられる．また，自

社のことをウェブサイトとは異なるアプローチで知ってもらい，採用活動に役立てる企業も増えている．さらに，社内の情報共有や意見交換を促進する場として利用される例も出てきている．

『平成26年通信利用動向調査』によると，企業アンケートの結果では，インターネットを利用している企業のうち，ソーシャルメディアを一部でも活用している企業は2013年の15.8％から2014年は18.0％に上昇している．

また，ソーシャルメディアの利用はほぼすべての規模の企業で増加しているが，企業規模が大きいほど利用率が高いという傾向がみられる．また，産業別では，金融・保険業，サービス業，卸売・小売業における利用率が高く，過去1年間で10ポイント以上伸びているものもある．

これまで，企業におけるソーシャルメディアの利用の拡大や増加傾向についてみてきた．ところで，どの程度の効果が上がっているのであろうか．それについては，『平成25年版　情報通信白書』に興味深いデータが掲載されている．ソーシャルメディア利用の見込み効果と，実際に得られた効果について企業に質問した結果は，図表6-2のとおりである．

見込み効果については，「新商品開発に向けた世の中のトレンドの情報収集」や「世の中のトレンドを反映した生産調整」が約6割と最大で，次いで「商品・サービスのプロモーション情報発信」が約5割，「口コミによる情報拡散」や「ブランド力強化」などが約3割であった．

ところが，実際の効果については，「世の中のトレンドを反映した生産調整」が見込み効果より25ポイント以上低い約32％，「新商品開発に向けた世の中のトレンドの情報収集」に至っては見込み効果より40ポイント以上低い約20％，「商品・サービスのプロモーション情報発信」は見込み効果より35ポイント以上低い約14％であった．このように，当初の見込みほど実際には効果が上がっていないことがわかる．

ただし，これはソーシャルメディアが必ずしも役に立たないということではなく，企業が過大な期待を抱いたり，そもそもソーシャルメディアの有効活用を理解できていないということが原因とも考えられる．ソーシャルメディアを

第Ⅱ部・eビジネスの新潮流の要因

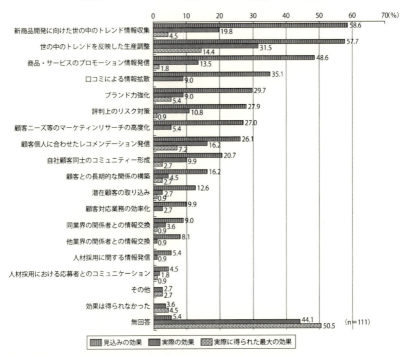

図表6-2 ソーシャルメディア利用による効果

出所：総務省（2013）『平成25年版　情報通信白書』p.50

　有効活用したいのであれば，こまめな更新やチェック，返信などが最低限不可欠であり，ウェブサイトとは異なるソーシャルメディアの特徴を活かしたかたちで顧客との安定した接点を築けるように，ソーシャルメディアの利活用能力を高めていくことが必須である．

　企業のソーシャルメディアの活用はまだ始まったばかりである．情報化社会の進展において，ソーシャルメディアの有効活用ができるかどうかが，企業の行く末を決める大きな要因となっていることは確かだといえよう．

## ■事例：無印良品（株式会社良品計画）

　株式会社良品計画は「無印良品」のブランド名で生活関連のさまざまな商品を自社で開発・販売している．同社は，2009年にTwitterを開始し，2010年9月からFacebookページを開設するなど，ソーシャルメディアが日本に登場した初期の頃から活用している．2016年1月時点でTwitterのフォロワーは45万人以上，Facebookの登録者（「いいね！」といっている人数）は100万人以上に上る．数千点ある商品のうち，従来のメディアで紹介できるのは一部に過ぎないため，さまざまな商品を紹介するためにソーシャルメディアが活用されている．

　また，気軽にコミュニケーションを取れる場としての役割も重視している．従来の「お問い合わせ」とは違いポジティブな声も聞きやすく，顧客も声を出しやすい環境の整備を心がけている．

　このように，顧客とのコミュニケーションを重視し，継続・安定した関係を築くことで，最終的に売り上げにも貢献している．


## ■事例：カルビー株式会社[8]

　数多くのヒット商品を生み出してきたスナック菓子メーカーのカルビーは，2004年以来，サポーターズクラブの設立やコミュニティサイトの立ち上げ，マイページ機能の提供など，Webを介した顧客との双方向コミュニケーションを目的に，様々なサービスを提供してきた．しかし近年，消費者の生活スタイルの変化を背景に，顧客，特に若い世代からより気軽なコミュニケーションが求められていることを実感したため，2014年にFacebook，Twitterに公式アカウントを開設して，ソーシャルメディアの活用を開始した．

　2015年11月には，近年若い女性を中心に利用者数を伸ばしてきたInstagramの利用を開始し，11月中に「カルビー公式インスタグラム」アカウントをフォローするだけで「カルビー女子会応援セット」の抽選対象となるキャンペーンを実施した．このキャンペーンは，インセンティブを「カルビー女子会応援セット」とすることで，女性フォロワーの獲得を目指している．

　このように，ライフスタイルの変化や，顧客の属性に応じてツールを変えることで，顧客とのより密接なコミュニケーションを実現している．

---

8　カルビーニュースリリース（2015年11月16日）「カルビー公式インスタグラム開始 スタートキャンペーンは「カルビー女子会応援セット」30名様に'女子会'用の商品やドリンクをプレゼント」（http://www.calbee.co.jp/newsrelease/151116.php）

## 6.5 課題と展望

　これまでみてきたように，ソーシャルメディアは，一般の生活者・消費者のコミュニケーションや消費行動での利用に確実に浸透している．スマートフォンやタブレット端末の普及は，インターネットの世界で情報を単に集めるだけでなく，自分から発信したり，友人知人だけでなく，似たような関心をもつこれまで会ったこともない人との「つながり」を創るなど，我々の情報化社会での生き方を大きく変えている．

　ただし，ソーシャルメディアが急速に普及する一方で，さまざまなトラブルや犯罪も起きており，ソーシャルメディアに関する国民の情報リテラシーを高める必要性はますます高まっている．

　企業では，ソーシャルメディアの利用により，顧客のニーズや意見の収集とコミュニケーションおよび顧客の囲い込みなどに取り組んでいる．顧客との新しい関係構築や，顧客が新たな潜在的顧客とつながるネットワークを生み出すなど，一方向的なウェブサイトだけの時代と異なり，ソーシャルメディアの利用でこれまでとは一変して双方向的な関係の強化が進んでいる．世界のCEO 1,700人以上を対象にして行われたIBMの調査[9]では，ソーシャルメディアが今後3～5年で，対面での顧客との関係に並ぶ主要な手段と考えているCEOは約6割に達するという結果がでている．また，企業では，社内でのコミュニケーションの活性化などでも活発に利用されている．

　ただし，ソーシャルメディアの利用が，期待していたほど効果が上がってい

---

　株式会社インプレス（2015年4月1日）「企業担当者に聞くFacebook&Twitter運用の現場オウンドメディア歴10年のカルビーがソーシャルメディアをはじめた理由を聞いてみた」（http://web-tan.forum.impressrd.jp/e/2015/04/01/19571）
　ソーシャルメディアマーケティングラボ（2015年11月27日）「活用ヒント満載！［2015年11月インスタグラム特集］話題のソーシャルメディアキャンペーン Instagram 活用事例まとめ」（http://smmlab.jp/?p=41426）
9　IBM（2012）*Global CEO Study : Leading Through Connections*.（http://www-935.ibm.com/services/jp/ceo/pdf/ceostudyjp2012.pdf）

ないという意見も少なくない．そのため，企業活動における有効なソーシャルメディアの活用方法の改善がますます必要となっている．

> **《発展学習のポイント》**
> 1. ビジネスでソーシャルメディアが活用されている事例を探してみよう．そして，それはどのようなメリットとデメリットがあるだろうか．
> 2. ソーシャルメディアの活用方法として，もっと創造的・発展的なやり方は何であろうか．そのためにはどのような工夫や留意点があるだろうか．
> 3. ソーシャルメディアの世界で，今後，どのような新サービスが生まれるだろうか．また，その理由は何であろうか．

# 7. ビッグデータ

　1965年，インテル創業者のゴードン・ムーアは論文のなかで「ムーアの法則」を唱えた．ムーアの法則とは，「集積回路上のトランジスタ数が18カ月ごとに倍になる」というものである．

　この潮流は現在も続いており，スマートフォンやタブレット端末の普及，ソーシャルメディアの拡大によって，世の中に膨大なデータがあふれている．それらのデータを収集するためのセンサーが進化し，データの蓄積・分析・予測を行うための技術や製品・サービスが次々に生み出される．そして，それらの膨大なデータの処理が可能となり，ビッグデータとしての活用が現実化している．

## 7.1　ビッグデータとは何か

### 7.1.1　ビッグデータの構成要素

　「平成27年版 情報通信白書」によれば，国際的なデジタルデータの量は，2010年時の988エクサバイト（9,880億ギガバイト）から約40倍増加し，2020年には約44ゼタバイトへ拡大する見込みである[1]．情報化社会が進むなかで，生成されるデータ量は，今後も加速度的に増えると考えられる．

　モバイルデバイス，クラウド，ソーシャルメディアの普及や拡大に加え，各

---

1　総務省『平成27年版　情報通信白書』p.328

種センサーから発信される情報やオンラインショッピングなどの入力情報や閲覧情報，ネット上に投稿される画像・動画，自動車，自動販売機，POSレジなどの機器から発信される情報など，私たちの生活のなかのあらゆるところで情報は生成され，発信・利用されている．これらのデータをひとまとめに，「ビッグデータ」と呼ぶ．

センサー，モバイル端末，クラウドコンピューティング等のICT（情報通信技術）の進展により，ビッグデータの生成・収集・蓄積等が容易になってきた．ビッグデータを活用することで，異変の察知や近未来の予測等を通じ，利用者個々のニーズに即したサービスの提供，業務運営の効率化や新産業の創出等が可能になっている．

ビッグデータの代表的なものとしては，次のようなものがある．

- ウェブサイトデータ：ECサイトやブログ等において蓄積される購入履歴，ブログエントリー等
- マルチメディアデータ：ウェブ上の配信サイト等において提供される音声，動画等
- ソーシャルメディアデータ：ソーシャルメディアに参加者が書き込む内容等で構築される．プロフィール，コメント等
- カスタマーデータ：CRMシステムにおいて管理されるDM等の販促データ，会員カードデータ等
- センサーデータ：GPS，ICカードやRFID等において検知される，位置，乗車履歴，温度，加速度等
- オフィスデータ：オフィスのPC等で作成されるオフィス文書，eメール等
- ログデータ：ウェブサーバ等において自動的に生成される，アクセスログ，エラーログ等
- オペレーションデータ：販売管理等の業務システムにおいて生成されるPOSデータ，取引明細データ等

## 7.1.2　構造化データと非構造化データ

ビッグデータを構成するデータは多様であるが，「構造化データ」と「非構

造化データ」に大別できる.

「構造化データ」は,従来から企業が活用している顧客データや売上データなど,文字通りデータベースに構造化して格納されて活用されていたデータのことである.

これに対して,ビッグデータと呼ばれる際に注目されているのは,従来のデータベースでは構造化の対象となっていなかった「非構造化データ」である.多種・多様・大量に発生しているこのようなデータを,ICTの進化で分析・活用することが可能になっている.

非構造化データには,第1に,電話・ラジオ等の音声データ,テレビ放送等の映像データ,新聞・雑誌等の活字データなどがある.第2に,ブログやSNS等のソーシャルメディア上の文字データ,インターネットの映像配信サービス上の映像データ,電子書籍の活字データ,GPSのデータ,ICカードやRFID等の各種センサーのデータなどがある.

図表7-1 ビッグデータの概念

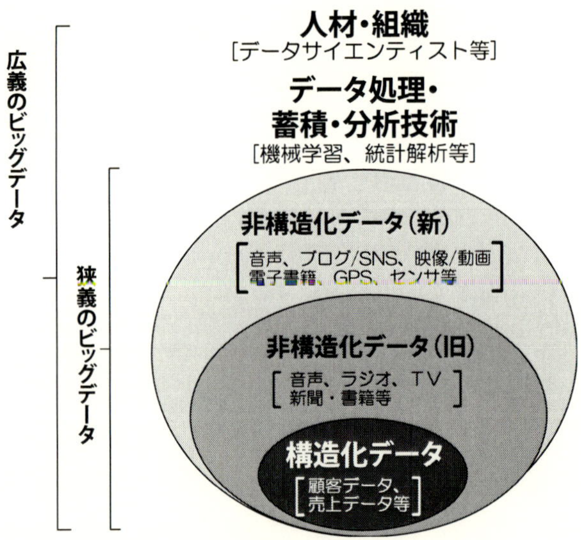

広義のビッグデータ
- 人材・組織［データサイエンティスト等］
- データ処理・蓄積・分析技術［機械学習、統計解析等］

狭義のビッグデータ
- 非構造化データ（新）［音声、ブログ/SNS、映像/動画、電子書籍、GPS、センサ等］
- 非構造化データ（旧）［音声、ラジオ、TV、新聞・書籍等］
- 構造化データ［顧客データ、売上データ等］

出所：総務省（2013）『平成25年版　情報通信白書』p.144

以上がビッグデータの「狭義」の概念だとすると，より広い観点からビッグデータを捉える「広義」の概念という考え方がある．それは，統計解析や機械学習などのデータ処理・蓄積・分析技術から，データサイエンティストなど人材・組織に関係するものを含むと捉えることである．ただし，一般的にビッグデータという場合は，狭義の概念で捉えられている場合が多い．

ビッグデータの 8 割は非構造化データだといわれている．2000 年代から飛躍的に増加している．その大きな要因となっているのが「IoT」である．

### 7.1.3 IoT の進展

最近では，「モノのインターネット」(IoT : Internet of Thing) と呼ばれるように，世の中のさまざまな"モノ"に通信機能をもたせて，インターネットに接続したり相互に通信したりすることで自動認識や自動制御，遠隔計測などを行う動きが進んでいる．センサーの小型化・軽量化・低消費電力化など高性能化に加えて低価格化がこれを後押ししている．IoT が進めば，取り扱うデータ量はさらに増えることとなる．

また，機械と機械が通信ネットワークを介して互いに情報をやり取りすることで自律的に高度な制御や動作を行う「M2M (Machine to Machine)」も進んでおり，従来とは異なる形でデータの生成・収集が可能となる．特に，コンピュータや通信装置などの情報機器以外の機械に，センサーや処理装置，通信装置などを組み込んで，データ収集や遠隔監視・制御などを行えるようになっている．このように，M2M が進んで人の手を介さずに機械と機械の間でデータのやり取りが進めば，さらに膨大な量の情報を蓄積できるようになる．

このように，ICT の革新が，ビッグデータの普及・拡大を後押ししている．

■事例：センサー情報の活用（NEC）
　日本電気（NEC）は，高感度センサーを開発して自社のオフィスビルに設置している．それで気温・湿度・パソコンの稼働率などを収集し，勤務時間帯や社員数，男女比，照明の数，天気などの情報と合わせて一週間後の電力使用量を予測する．また，機械学習によって発見された傾向やパターンと収集した大量のデータを自動分析して，効率的なエネルギー利用を実現している．

**図表7-2　IoTの適用分野の例**

| 分野 | 適用イメージ例 |
|---|---|
| 施設 | ・施設内設備管理の高度化（自動監視・制御等） |
| エネルギー | ・需給関係設備の管理を通じた電力需給管理<br>・資源採掘や運搬等に係る管理の高度化 |
| 家庭・個人 | ・宅内基盤設備管理の高度化<br>・宅内向け安心・安全等サービスの高度化 |
| ヘルスケア・生命科学 | ・医療機関/診察管理の高度化<br>・患者や高齢者のバイタル管理<br>・治療オプションの最適化<br>・創薬や診断支援等の研究活動の高度化 |
| 産業 | ・工場プロセスの広範囲に適用可能な産業用設備の管理・追跡の高度化<br>・鉱業，灌漑，農林業等における資源の自動化 |
| 運輸・物流 | ・車両テレマティクス・追跡システムや非車両を対象とした輸送管理の高度化<br>・交通システム管理の高度化 |
| 小売 | ・サプライチェーンに係る高度な可視化<br>・顧客・製品情報の収集<br>・在庫管理の改善<br>・エネルギー消費の低減 |
| セキュリティ・公衆安全 | ・緊急機関，公共インフラ（環境モニタリング等），追跡・監視システム等の高度化 |
| IT・ネットワーク | ・オフィス関連機器の監視・管理の高度化<br>・通信インフラの監視・管理の高度化 |

（出典）総務省「グローバルICT産業の構造変化及び将来展望等に関する調査研究」（平成27年）
出所：総務省『平成27年版　情報通信白書』p.294

このような「異種混合学習技術」は防犯分野などにも応用されている．

■事例：「スマートコンストラクション」の提供（コマツ）[2]
　株式会社小松製作所（コマツ）は，2001年に建設機械にGPSやセンサーを取り付け，位置情報や稼働時間などのデータを収集し，稼働状況を遠隔で把握するシ

---

[2] 特集「いまさら聞けないIoTの全貌」『週刊ダイヤモンド』（2015年10月3日号）ダイヤモンド社，pp.64-66

ステム「KOMTRAX（コムトラックス）」を開発し，標準装備化していた．

2015年2月には，ICTを活用して建設現場の情報を連携し，蓄積されたデータを新たなサービスに活用する「スマートコンストラクション」の提供を開始した．ドローンで自動測量したデータを自社のクラウドシステム「KomConnect」に送信し，生成された3次元の測量図面を基に作成された施行計画がICT建機に送信され，自動制御で作業が行われる．

スマートコンストラクションの導入により，未熟練の作業員でも高精度な施工が可能になるだけでなく，安全に作業でき，工期も短縮できるので，売上を伸ばしている．

##  7.2 ビッグデータの特徴

ビッグデータの特徴としては一般的に，「容量（Volume）」の巨大さ，「種類（Variety）」の多様さ，情報が生成される「頻度・スピード（Velocity）」という3つがあげられる[3]．それに加えて，データを整理・分析する「正確さ（Veracity）」や，「価値（Value）」を抽出することが必要だという考え方もある．

それぞれの内容については，次の通りである．

- 「容量（Volume）」：ビッグデータの特長はその容量の巨大さである．またデータが増大することによる計算量も非常に膨大となる．
- 「種類（Variety）」：ビッグデータは構造化データだけでなく，テキスト，音声，ビデオ等のさまざまな種類の非構造化データとしても存在し，これらのデータをビジネスに活用する動きが世界中で広がってきている．
- 「頻度・スピード（Velocity）」：ICタグやセンサーから非常に高い頻度でデータが生成されており，早いスピードで非構造化データが形成される．
- 「正確さ（Veracity）」：ビッグデータは非構造化データ等，そのままでは活用することができない情報も含む．しかし，適切な処理・分析により，データの矛盾，曖昧さによる不確実性，近似値を積み重ねた不正確さなどを排除し

---

3 日本IBM「ビッグデータとは」(http://www-06.ibm.com/software/jp/data/bigdata/index.html)

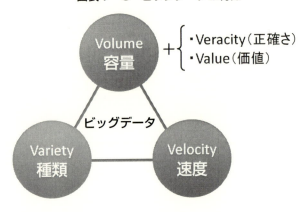

図表7-3　ビッグデータの特徴

て，本当に信頼できるデータの抽出が可能となる．
- 「価値（Value）」：ビッグデータの分析・活用により，これまでは不可能だと思われていた発見など新たな価値創造が可能となっている．

## 7.3　ビッグデータを活用する意義

　ICTの進展にともない多種多量なデータの生成・収集・蓄積等が，リアルタイムで実現可能になっている．そのようなビッグデータを分析・活用すれば，未来の予測や異変の察知，利各利用者のニーズに即したサービスの提供，業務運営の効率化や新産業の創出等，さまざまなことに役立てられることが期待されている．

## 7.4　ビッグデータビジネスの分類

　ビッグデータ市場に多くの企業が参入している．パソコンやモバイルのメーカー，データセンター，ソフトウェア，サーバ，ストレージ，SNSやネット

サービス,センサーや自動車メーカー,小売店などあらゆる企業がビッグデータに意義を見いだしている.ここでは,ビッグデータを活用したビジネスモデルについて,3つに分類して紹介する.

### (1) 自社運用型

「自社運用型」とは,情報収集から分析,活用まで一貫して自社で行う形態のことである.例えば,利用者が何を閲覧したか,何を購入したか,という情報を収集し,それに基づいてその利用者に合った広告を出すなどである.

Amazonはユーザに関するデータをレコメンデーションとして活用しており,自社内でビッグデータを活用する代表的な事例である.また,Googleは自社検索エンジンを始めとする多様なサービスを介して集めた情報を,「アドテクノロジー」と呼ばれる広告技術に反映させて収益を伸ばしている.

小売業界でも独自のビッグデータ運用システムを構築する企業が見られる.特にローソン,セブンイレブンなどのコンビニエンスストアは,在庫管理に売上情報を活用するPOSシステムを発展させる形で,ビッグデータを店舗の商品構成に活用している.

■事例:Amazonのレコメンデーション機能
　Amazonでは,ユーザの購入や閲覧履歴をすべてデータとして収集・蓄積している.それらの情報を基にユーザの好みを分析して,「おすすめ商品」をレコメンデーションとして示すなど,ユーザごとにカスタマイズした情報を表示している.こうした働きかけによる閲覧・購入のデータは,再び活用される.
　Amazonは,自社内で情報の収集・蓄積・分析・活用するサイクルを構築することで,多様で大量な商品を効率的に販売している.

### (2) プラットフォーム型

「プラットフォーム型」とは,ビッグデータの情報が集まるプラットフォームを運営する形態のことである.プラットフォームの例としては,SNS,検索サイト,携帯電話サービス,ICカードサービスなどがあげられる.

TwitterやFacebook等のSNS運営会社は,各ユーザの生の声を発する場に集まった情報を入手・分析・活用している.例えば,Twitterの場合は,集

まったデータの解析は行わず，ユーザのつぶやきデータの卸販売のみを行う形態をとっている．データは，NTT データ等のデータ販売代理店に卸販売され，代理店はデータ分析会社にデータを販売する．そして，データ分析会社は，つぶやきデータをマーケティングの情報源と考えるメーカーや流通企業から委託を受けて，分析結果を提供する．

NTT ドコモもプラットフォーム型のビジネスを展開している．同社が提供する「モバイル空間統計」は，携帯電話への登録情報の一部（携帯電話の位置データおよびユーザの年齢，性別，住所）に非識別化処理，集計処理，秘匿処理をして個人を特定できないようにし，場所や時間による人口の変動を推計した統計情報である[4]．

モバイルの特性を活かした統計が可能となり，産業，学術，行政における活用が期待されている．2013 年 10 月からは企業，自治体，学術機関向けに有料販売されている．個人情報の利用を希望しない場合は，手続きをすれば運用データからそのユーザの情報を除外することもできる．

### ■事例：CCC の「T ポイントカードサービス」

カルチュア・コンビニエンス・クラブ（CCC）は T ポイントカードサービスを企業に提供・運営している．T ポイントカードサービスは，加盟企業の顧客による消費データが集まるプラットフォームとしての機能を果たしている．

2012 年 6 月にはヤフーと提携して，日本最大の共通ポイントサービスを発足させた．2013 年 6 月には両者の連携で，T ポイントはネットでもリアルでも T ポイントを貯め・利用できるようになった．さらに，2014 年 7 月には，ソフトバンクモバイルのポイントも T ポイントに移行された．このように，企業間連携によるポイントサービスの拡大が進んでおり，分析の対象となるデータの収集・蓄積の拡大が進んでいる．

また，2011 年から同社は従来のサービスに加え，加盟企業に対しマーケティング分析などのサービスを行っている．

顧客はポイントカードの ID 番号によってタグ付けされており，これにより消費

---

4 NTT ドコモ「モバイル空間設計に関する情報」（https://www.nttdocomo.co.jp/corporate/disclosure/mobile_spatial_statistics/）

者毎の消費履歴の収集が可能になる．こうして得られた消費履歴に分析を加え，商品やサービスを推奨するなどの販売コンサルティングを行う．CCC のマーケティング分析の特徴は，業種の異なる加盟企業のデータを併用して分析することができるため，ひとつの業種では見いだせない消費行動の相関を分析できることである．例えば，缶コーヒーの消費と駐車場の利用など，別々のサービスの利用に相関関係が見いだせる等が考えられる[5]．

なお，従来は CCC が保有する個人情報は，ファミリーマートなどの加盟企業へ「第三者提供」されることになっていたが，2014 年 11 月に改訂された T ポイントサービスの新会員規約では，Web サイトや書面で所定の手続きをすれば，「第三者提供」を拒否できることになっている[6]．

ただし，企業にとって，プラットフォームで収集したデータの販売には注意が必要である．例えば，JR 東日本は，2013 年 6 月に，駅の利用客についての膨大な Suica の履歴情報を，日立を通して解析し，「駅利用状況分析レポート」として販売すると発表したが，利用客から「事前に承認をしていない」などと反発を受け，結局，サービスの提供を見合わせることになった．

このように，プラットフォーム型のサービスを提供する企業が，プラットフォーム上でのビッグデータは個人が特定できないから販売に利用して大丈夫だと考えたとしても，利用者に十分理解してもらわないと，思わぬトラブルが起きる可能性がある．

## (3) ソリューション提供型

「ソリューション提供型」とは，ビッグデータに関するシステム構築やアプリケーション開発・情報統合・分析アプリケーションの提供といった，ビッグデータを分析・活用するソリューションを提供する形態のことである．高い技術力が求められるため，大手ソフトウェアベンダーがこの形態を取ることが多

---

5 日経 BP ムック（2013）『最新マーケティングの教科書』pp.56-57
6 日経 BP（2014 年 10 月 30 日）「「T ポイント」新規約施行へ，個人情報の第三者提供停止には手続きが必要」(http://itpro.nikkeibp.co.jp/atcl/news/14/103001704/?rt=nocnt)

く，日本IBM，日立，NTTデータ等が事業を行っている．

## 7.5 課題と展望

　ビッグデータの爆発的な増大のなかで，その分析からビッグデータの活用が現実になっている．企業にとってはビッグデータに基づいて，新たなまたはこれまで見過ごされていた顧客ニーズを発掘することにより，新商品の開発や，顧客サービスの改善などが期待できる．

　このように，企業経営においてビッグデータが重要となるなかで，自社が収集・保有するビッグデータの公開・非公開の判断も重要な経営判断のひとつになる．自社内でビッグデータの運用システムを確立するのか，他社と顧客情報を共有することでシナジー効果を狙うのか，といった経営判断の重要性が増している．

　一方で，ビッグデータの活用には，課題も存在している．ビッグデータは膨大かつ多様で不確実な情報の集まりであり，分析のための高度なスキルが必要とされる．しかし，現場ではデータサイエンティストが不足している．また，分析情報の精度が低かったり，分析スキルが十分でないと，分析結果は不正確なものとなってしまう恐れもある．そのため，ビッグデータを効果的に活用できる体制整備が企業の競争力の確立のポイントになる．

　これまで述べてきたように膨大な量のデータがあらゆるところから収集・活用されているが，それはプライバシー保護の問題とも関係している．ビッグデータのなかにはライフログ[7]と呼ばれる個人の生活に関する情報など，プライバシーにかかわるものが多く存在しているが，それらはユーザが気づかないうちに企業に利用されている場合が多い．さまざまなデータを組み合わせることで各消費者にあった商品情報の提供ができる一方で，本人が希望しないのにもかかわらず消費や移動といった生活行動が企業に把握されてしまっていると

---

[7] 蓄積された個人の生活の履歴のことで，購買・貸出履歴，視聴履歴，位置情報等々が含まれる．

いう懸念もある．ビッグデータの活用には，個人情報の取り扱いをどうするかという問題に，常に留意する必要がある．

また，企業だけでなく，ユーザ自身も注意しながらICTを利用する必要があるということである．インターネットのサービスを利用する場合に，利用規約をよく読み，自分がそのサービスを利用する際に発生するデータがどのように収集・利用されるのかをよく理解し納得したうえで，利用するかどうかを決めるといった情報リテラシーが必要である．

企業も個人も，ビッグデータ活用のメリットとデメリットをよく理解したうえで，効果的に利用する方法を考えることが重要である[8]．

《発展学習のポイント》
1. ビッグデータが活用されている事例を探してみよう．そして，そこにはどのようなメリットとデメリットがあるだろうか．
2. ビッグデータの活用方法として，もっと創造的・発展的なやり方はないだろうか．そのためにはどのような工夫や留意点があるだろうか．
3. ビッグデータを有効に活用していくためには，どのような社会を整備していく必要があるだろうか．(IT機器・サービス，人材育成など)

---

[8] 情報通信審議会 ICT基本戦略ボード ビッグデータの活用に関するアドホックグループ「ビッグデータの活用について（平成24年5月17日）」(http://www.soumu.go.jp/main_content/000160628.pdf)

# 8. 情報セキュリティ

　情報化社会の進展により，多種多様で膨大な量の情報がビジネスに活かされるようになっている．これまでみてきたような，「モバイル＆スマート」「クラウド」「ソーシャルメディア」「ビッグデータ」といった新潮流が，それを後押ししている．それらは，「情報化社会の光の面」といえる．

　しかし一方で，情報漏えい事故，ネット詐欺，サイバー攻撃など，毎日のように「情報化社会の影の面」の事件が報道されている．これは，個人と企業の双方とも，被害にさらされる危険性をはらんでいる．

　そのために必要なのが，情報セキュリティへの正しい理解と適切な情報セキュリティ対策である．また，皮肉なことだが，脅威が高まっているがゆえに，情報セキュリティビジネスは活況を呈している．

　本章では，情報セキュリティの必要性と基本的な知識，具体的な対処方法，さらに，情報セキュリティビジネスの動向についても取り上げる．

## 8.1 情報セキュリティとは

　インターネットを利用するうえでは，マナーやルールを守るだけでなく，適切なセキュリティ対策も必要である．情報セキュリティの重要性を解説し，どういった脅威があるのかを紹介する．

### 8.1.1　情報セキュリティの定義

「情報セキュリティ」(Information Security) の定義は，2005年10月に発行されたISO/IEC27001において，「情報の機密性，完全性，可用性を維持すること，さらに，真正性，責任追跡性，否認防止性及び信頼性といった特性を含めても良い」とされている．

この前半の「機密性」「完全性」「可用性」は，「情報セキュリティの三大要素」と呼ばれ，それぞれの頭文字をとって「情報のCIA」ともいわれる．

**図表8-1　「情報セキュリティ」の三大要素**

| | |
|---|---|
| 機密性<br>(Confidentiality) | 情報へのアクセスを認められた者だけが，その情報にアクセスできる状態を確保すること<br>（例：機密性を確保するために通信を暗号化する） |
| 完全性<br>(Integrity) | 情報が破壊，改ざんまたは消去されていない状態を確保すること<br>（例：完全性を確保するためにデジタル署名を義務付ける） |
| 可用性<br>(Availability) | 情報へのアクセスを認められた者が，必要時に中断することなく，情報及び関連資産にアクセスできる状態を確保すること<br>（例：可用性を確保するために機器を冗長構成（2重化）にする） |

例えば，「通信を暗号化する」（機密性の確保に相当），「デジタル署名をつける」（完全性の確保に相当），「機器を冗長構成（2重化）する」（可用性の確保に相当）といった，技術や規約を整備・維持していくことが，情報セキュリティの特性を確保・維持していくことにつながる．

### 8.1.2　情報セキュリティに関する脅威の増大

情報セキュリティへの関心は，個人・法人を問わず高まってきている．対策に不備があると，個人情報が適切に保護されていないショッピングサイトで買い物をしたり，コンピュータウイルスに感染したパソコンを使い続けたために，住所・氏名・電話番号，クレジットカード情報などの個人情報が漏えいして他人に悪用されたり，暗号化していないUSBメモリを置き忘れたために，機密情報が流出して社会的な信頼を失ったりすることもある．

独立行政法人情報処理推進機構（IPA）は，毎年，「情報セキュリティ10大

## 図表 8-2 「情報セキュリティの 10 大脅威」の変遷

| 区分 | 2001 | 2002 | 2003 | 2004 | 2005 | 2006 | 2007 | 2008 | 2009 | 2010 | 2011 | 2012 | 2013 |
|---|---|---|---|---|---|---|---|---|---|---|---|---|---|
| | ネットワークウイルス全盛 | | | 内部脅威・コンプライアンス対応 | | | | | 脅威のグローバル化 | | | | |
| IT環境 | ★Windows XP発売 | | | | | | | | ★iPhone発売 | ★iPad発売 | | | |
| | ブロードバンドネットワーク | | | | | 公衆無線LAN | | | クラウド・モバイルデバイス | | | | |
| | | | | | | | | | ソーシャルメディアサービス | | | | |
| 攻撃手法 | ワーム/ネットワーク型 | | | | 標準型攻撃 | | | | 組合せ攻撃 | | | | |
| | | | | | | | | | フィッシング詐欺 | | | | |
| | | | | | | | | ボットネット(Botnet) | | | | | |
| | | | | | | | | | モバイルへの攻撃 | | | | |
| 攻撃者 | | | | | | | | | 諜報・破壊目的 | | | | |
| | | | | | | | 金銭・経済目的 | | | | | | |
| | | | | | | | 愉快犯 | | ハクティビズム | | | | |
| 事件・事故 | ・Nimda流行 ・CodaRad流行 | | ・SQL Slammer流行 ・MS Baster流行 | | | ・P2Pソフトによる情報漏洩 ・スパイウェアによる情報流出 | | | ・米韓同時DDoS攻撃 ・イランへのStuxnet攻撃 ・政府機関へのサイバー攻撃 ・国内金融機関を狙った攻撃 ・NSAによる諜報発覚 | | | | |
| 法律/政策動向 | ・不正アクセス禁止法施行(2000年) ・電子署名法施行 | | | 組織マネジメント体制作り | | ・個人情報保護法全面施行 ・e-文書法施行 ・ISO/IEC 27001発行 ・政府統一基準発行 | | | サイバー犯罪取締り ・不正競争防止法改正 ・刑法改正(ウイルス作成罪施行) ・不正アクセス禁止法改正 外交安全保障 ・サイバー空間ドクトリン発表(米国) ・官民連携スキームの発足 ・サイバー攻撃対処で日米連携 ・国家安全保障戦略発表 | | | | |

出所:情報処理推進機構セキュリティセンター(2014)『2014年版 情報セキュリティ10大脅威』p.3 (http://www.ipa.go.jp/files/000037151.pdf)より作成

脅威」を発表している．その変遷を見れば，どのような内容が，情報セキュリティの大きな脅威として認識されてきたかがわかる（図表8-2参照）．

図表 8-2 をみると，2001～2003 年までは「ネットワークウイルス全盛」，2004～2008 年が「内部脅威・コンプライアンス対応」，そして，2009 年以降は「脅威のグローバル化」と分類されている．近年，世界各国で国際的なハッカー集団による，ウイルスやハッキングによるサイバー攻撃が頻発しており，国内外の関係組織と連携した対策の必要性が指摘されている．

　「情報セキュリティの 10 大脅威」で取り上げられているものの多くが，「外部から攻撃される脅威」だが，「『人』が起こしてしまう情報漏洩」といった自分自身または組織内部の人の不注意などによるものもある．そのため，過失を起こさない・起こさせないようにすることは元より，故意の場合もあるため，性悪説に基づいて対処せざるを得ない状況になっている．近年，内部不正によって企業が保有する個人情報が流出する事件が頻発しており，内部不正対策の重要性にあらためて注目が集まっている．

　総務省「平成 25 年通信利用動向調査（世帯編）」によると，インターネットを利用して何らかの被害を受けた割合が 76.9% であった．パソコン（自宅利用）で何らかの被害を受けた割合が微増なのに対して，スマートフォンの利用では前年度から 10 ポイント以上も上昇し，56.7% が何らかの被害を受けている．このように，スマートフォンが大きなターゲットになっている．

　被害の具体的内容としては，パソコン（自宅利用）では「迷惑メールを受信」(43.6%) と「ウイルスを発見又は感染」(33.4%) が多い．一方，携帯電話とスマートフォンでは，「迷惑メールを受信」（携帯電話：63.4%，スマートフォン：58.8%）の比率が高い[1]．

　企業も同様に，さまざまな脅威にさらされている．総務省「平成 26 年通信利用動向調査（企業編）」において，情報通信ネットワークの利用企業に平成 26 年の 1 年間の被害状況を尋ねたところ，コンピュータウイルスへの感染や不正アクセス，スパムメールの中継利用など何らかの被害に遭遇した企業（全体から「特に被害なし」および「無回答」を除いた割合）は，全体の約 4 割であった．

---

1　総務省「平成 25 年通信利用動向調査（世帯編）」pp.39-41

## 第Ⅱ部・eビジネスの新潮流の要因

**図表8-3　過去1年間に情報ネットワーク利用で受けた被害（企業）**

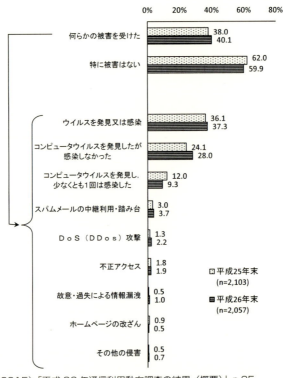

出所：総務省（2015）「平成26年通信利用動向調査の結果（概要）」p.25

　被害のなかで最大なのは，「ウイルスを発見又は感染」の37.3％で，次いで，「コンピュータウイルスを発見したが感染しなかった」が28.0％，「コンピュータウイルスを発見し，少なくとも1回は感染した」が9.3％であった（図表8-3）．

### 8.1.3　不十分な情報セキュリティ対策

　総務省「平成26年通信利用動向調査（世帯編）」にて，インターネットの利用世帯に「セキュリティ対策の実施状況」について尋ねたところ（図表8-4），何らかのセキュリティ対策を行っている世帯は約7割強だという回答であった．

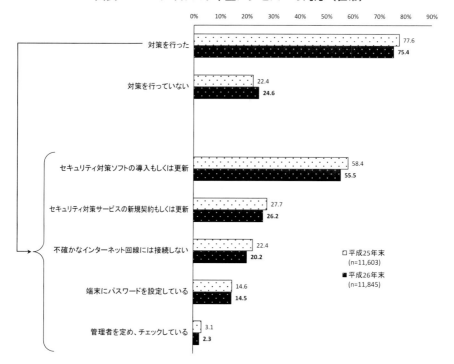

図表8-4 ウイルスや不正アクセスへの対応（世帯）

(注) 過去1年間に少なくとも1人はインターネットを利用したことのある世帯に占める割合
出所：総務省（2015）「平成26年通信利用動向調査の結果（概要）」p.24

　これだけをみればかなり対策できているようにみえなくはないが，実態はかなり異なる．

　具体的な対策についてみると，最も多いのが「セキュリティ対策ソフトの導入もしくは更新」の6割弱であり，残りの4割は何も対策をとっていない．次いで，「セキュリティ対策サービスの新規契約もしくは更新」が3割弱，「不確かなインターネット回線には接続しない」が2割に過ぎず，残りの人々は対策をとれていないということになる．また，「端末にパスワードを設定している」や「管理者を定め，チェックしている」の対策をとっている人は2割にも満たない．

テレビや新聞などでこれだけ情報セキュリティの問題が報道されていても，このように情報セキュリティ対策は非常に脆弱な状況だといえる．

## 8.2 情報セキュリティ対策

情報セキュリティの重要性を理解したうえで，どのような対策が可能かについては，まず，コンピュータウイルス対策やパスワード管理，情報セキュリティマネジメントシステムの導入など，セキュリティ対策に必要不可欠な要素について取り上げる．さらに，情報セキュリティビジネスの概要について述べる．

### 8.2.1 コンピュータウイルス対策

(1) コンピュータウイルスとは

コンピュータウイルス（以下，ウイルス）とは，電子メールやWebサイトの閲覧などによってコンピュータに侵入する不正プログラムのことである．常時接続回線の普及や利用者の増加により，ウイルスが増殖する速度が速くなっているといわれている．

ウイルスのなかには，何らかのメッセージや画像を表示するだけのものもあるが，悪質なものは，ハードディスクに格納されているファイルを消去したり，コンピュータが起動できないようにしたり，パスワードなどのデータを外部に自動的に送信したりする．

ウイルスの最も大きな特徴は，コンピュータ内のファイルに感染したり，ネットワークに接続している他のコンピュータのファイルに感染したりするなど，増殖するための仕組みをもっていることである．最近では，コンピュータに登録されている電子メールのアドレス帳や過去の電子メールの送受信の履歴を利用して，自動的にウイルス付きの電子メールを送信するものも多く，世界中にウイルスが蔓延する大きな原因となっている．

## (2) コンピュータウイルスの感染経路

ウイルスの感染経路には，次のようなものがある[2]．

### ①メールの利用と添付ファイル

現在の Web ブラウザは，ホームページ上でさまざまな処理を実現できるように，JavaScript や VBScript，ActiveX コントロール，Java などのプログラムを実行できるようになっている．

ウイルスの感染経路として非常に多いのが，電子メールの添付ファイルである．ウイルスが組み込まれた電子メールの添付ファイルを誤って開いてしまうと，ウイルスに感染するようになっている．

最近では，興味をそそられるような件名のメールや添付ファイルだったり，便利なソフトのように見せかけたりしてインストールさせようとするなど巧妙化している．

### ②USB メモリの利用

USB メモリが挿入された時にコンピュータに保存されているファイルを自動実行する機能があるため，この仕組みを悪用して，コンピュータに感染するウイルスがある．このようなウイルスのなかには，感染したコンピュータに後から差し込まれた別の USB メモリに感染するなどの方法で被害を拡大するものもある．

### ③マクロプログラムの利用

マイクロソフト社の Office アプリケーション（Word，Excel，PowerPoint，Access）のマクロ機能を利用して感染するタイプのウイルスがあり，マクロウイルスと呼ばれている．Office アプリケーションのマクロ機能では，高度なプログラム開発言語である VBA（Visual Basic for Applications）を使用できるため，ファイルの書き換えや削除などコンピュータを自在に操ることが可能になる．そのため，マクロウイルスに感染したドキュメントは，ファイルを開いただけで，VBA で記述されたウイルスが実行されて，自己増殖などの活動が開

---

[2] この項目については，主に総務省の「国民のための情報セキュリティサイト」などを参考にしている．

始されてしまうことになる.

④Webサイト（ホームページ）の閲覧

現在のWebブラウザは，ホームページ上でさまざまな処理を実現できるように，JavaScriptやVBScript，ActiveXコントロール，Javaなどのプログラムを実行できるようになっている．そのため，これらのプログラムでウイルスが埋め込まれたサイトを閲覧した場合は，コンピュータがウイルスに感染する可能性がある．

最近では，WebブラウザやWebブラウザへのプラグインソフトの脆弱性を利用した感染方法が増加しており，Webサイトを閲覧するだけでウイルスに感染させる手口はますます巧妙化している．また，正規のWebサイトがウイルス付きの内容に書き換えられてしまうケースも増えている．

⑤Webサイト上のソフトウェアの利用

Webサイト上のソフトウェアをダウンロードしてプログラムを実行すると，ウイルスに感染することがある．特にフリーソフトをダウンロードする場合，できればリリースからしばらく時間を経てからWebサイトで評判などを調べたうえでダウンロードするなど，慎重に行う必要がある．

⑥ファイル共有ソフトの利用

ファイル共有ソフトとは，インターネットを利用して不特定多数の人々の間で音楽ファイルや動画ファイルを共有することを目的としたソフトウェアである．ファイル共有ソフトでは不特定多数のユーザが自由にファイルを公開することができるため，別のファイルに偽装するなどの方法でいつの間にかウイルスを実行させられてしまうことがある．例えば，感染したコンピュータのファイルを勝手にファイル共有ソフトに公開してしまうウイルスにより，個人情報だけでなく企業や官庁の機密情報が流出して大問題になっている．

⑦ネットワークでのファイル共有

ウイルスには，感染したコンピュータに接続されているファイル共有用のネットワークドライブを探し出して，特定の拡張子をもつなど，ある条件で探し出したファイルに感染していくタイプのものもある．このようなウイルスは社内のネットワークを通じて，他のコンピュータやサーバにも侵入する可能性

があり，とても危険度が高く，完全に駆除することが難しい．

### (3) 情報セキュリティのための基本対策

パソコンでインターネットを利用するうえでの基本的な対策として，総務省「情報セキュリティ初心者のための三原則」がある．

#### ①ソフトウェアの更新

Webブラウザ，電子メールソフト（メーラー），OS，アプリケーションソフトウェアは，情報セキュリティ上の問題（弱点・脆弱性）を解決するための修正プログラムがメーカーからインターネットを通じて提供される場合がある．その代表的なものが，マイクロソフト社が提供している，Windows Update (Microsoft Update) である．インターネットを利用する場合には，これらの修正プログラムを定期的に適用して，できる限りソフトウェアを最新の状態に保つよう心がける必要がある．

最近では，ソフトウェアが利用できる新しいバージョンを検出すると，自動的に更新して，最新のセキュリティアップデートが適用された状態を維持できるようになっている場合もある．ただし，利用した覚えのないソフトウェアから自動アップデートの有無を問われた場合は，注意が必要である．

#### ②ウイルス対策ソフト（ウイルス対策サービスの利用）の導入

最近のウイルスは，電子メールやWebサイトを見ただけで感染することもあるため，インターネット接続事業者（プロバイダ）が提供しているウイルス対策サービスや，ウイルス対策ソフトを導入する必要がある．ウイルス対策ソフトは無償のものもあるが，自動アップデートに対応した有償のものを選んだ方が，管理が容易である．また，無償と謳ったウイルス対策ソフトのなかには，不正プログラムが含まれた悪質なものも存在する．有償のソフトでも無償期間があるため，その間にパソコンへの負荷（メモリ使用量）などを比べることもできる．

最近ではウイルス対策のほかに，パーソナルファイアウォールやフィルタリングなどの機能を備えた総合セキュリティ対策ソフトがある．これらの機能は，不正アクセス防止や，フィッシング詐欺サイトへのアクセス防止などの対策に

有効である．

　できれば，ウイルス対策ソフトだけでなく，これらの機能を含む総合セキュリティ対策ソフトの導入が望ましい．

　③ **IDとパスワードの適切な管理**

　IDやパスワードは，パソコンなどの情報機器や各種インターネットサービスを利用する際に必要となる情報である．この情報が盗まれてしまうことで，さまざまな問題が発生している．

　この点について詳しくは，次の「8.2.2 パスワード管理」で解説する．

　以上が「情報セキュリティ初心者のための三原則」であるが，これ以外にもさまざまな点で注意すべきことがある．例えば，我々が日常最も使っている「メール」では，次のような点についても注意が必要である．

　④ **メール利用での注意事項**

　メールの添付ファイルを開く前には，安全性を十分確認する必要がある．例えば，拡張子がexe, bat, scr, pig, vbs, wash, js, htaなどのファイルは特に注意が必要である．

　また，メールをHTML形式で表示すると感染の危険が高くなるので，なるべくテキスト形式でメールを送受信するようにメールソフトを設定した方が良い．

## 8.2.2　パスワード管理

### (1) IDやパスワードを使い回す危険性

　ブロードバンドの進展とともに数多くのインターネットサービスが登場し，多くの人がそれらを利用する機会が増えてきている．しかし，個人情報をともなうサービスやソーシャルメディアを利用する際は，個人を認証するためのIDやパスワードの登録とそれらの管理が必要である．

　総務省「平成24年通信利用動向調査（世帯編）」によると，「アカウントごとにパスワードを複数使い分け」や「パスワードの定期的な変更」の実施している世帯は5～6％に過ぎず，管理の煩雑さから対策が講じられていないことがわ

かる.

このように，利用するサービスが増えていくと，覚えきれないといった理由で，同じIDやパスワードを登録する"使い回し"が行われがちである．しかし，使い回しをすると，ひとつのアカウント情報の漏えいが他のサービスにも拡がり，なりすまし被害が拡大する恐れがある．

また，悪意ある者が情報管理の脆弱なWebサイトを狙って攻撃し，IDやパスワードを入手すると，その情報をもとに他社のWebサイトでログイン試行し，他社でもログインに成功してしまうケースがある．

(2) なりすまし対策のポイント

なりすまし対策のポイントは，パスワードの強化・保管・利用の3点に集約できる．この3つのうち，ひとつでもおろそかにしてはいけない．

①パスワードの強化

破られやすいパスワードを使用していると，「総当たり攻撃」[3]や「辞書攻撃」[4]を受けた時にパスワードを破られる危険性が高くなる．破られにくいパスワードは，次のとおりである．

・英字（大文字，小文字）・数字・記号など，使用できる文字種すべてを組み合わせる．
・8文字以上にする．
・辞書に載っているような単語や名前（人名，地名）を避ける．

②パスワードの適切な保管

パスワードを保管する際の注意点は次のとおりである．

・パスワードをメモする時は，IDと別々にする．
・定期的に利用サービスを見直し，利用しないサービスは登録を解除する．

③パスワードの適切な利用

パスワードを入力する際の注意点は次のとおりである．

---

[3] 何らかの規則にしたがって文字の組み合わせを総当たりで試行する，いわゆる力ずくの攻撃方法．
[4] 辞書にある単語などを組み合わせながら試行する攻撃方法．

- ネットカフェなど不特定多数が利用するパソコンでは，IDやパスワードを入力しない．
- 通常のIDやパスワードに加えて，その時だけ有効なパスワード（ワンタイムパスワード）を発行するなど，二要素認証や二段階認証等を行っているWebサイトを利用する．
- ネットバンクなどでは，ログインすると，ログインしたことを登録したメールアドレスに知らせる機能（ログインアラートメール）がある．身に覚えのないログインアラートメールが届いた場合は，即座にアカウントをロックすることにより，被害を最小限に留めることができる．

## 8.3 情報セキュリティマネジメントシステム

企業・組織における情報セキュリティの確保に組織的・体系的に取り組むことを情報セキュリティマネジメント[5]という．そこでは，情報の機密性，完全性，可用性を維持することが求められる．

情報セキュリティ対策の中心となるのが情報セキュリティポリシーである．それを策定したうえで運用し，改善手順を整備する実施サイクルを構築する必要がある．情報セキュリティマネジメントシステムはISMS（Information Security Management System）と呼ばれ，国際的な規格であるISO/IEC27001として標準化されている．

### 8.3.1 情報セキュリティポリシー

情報セキュリティポリシーとは，企業や組織において実施すべき情報セキュリティ対策の方針や行動指針のことである．

情報セキュリティポリシーには，まず自社にとって何が守るべき情報資産かを決め，それをどのような脅威からどのように守るかといった基本的な方針や

---

5　総務省「国民のための情報セキュリティサイト」

基準を作成し，実際に守る体制を確立して運用し，評価と改善を実施する仕組みの考え方が含まれる．

実際には，「基本方針」「対策基準」「実施手順」の3段階で構成されるのが一般的である．

①**基本方針**

基本方針には，組織や企業の代表者による「なぜ情報セキュリティが必要であるのか」や「どのような方針で情報セキュリティを考えるのか」，「顧客情報はどのような方針で取り扱うのか」といった宣言や方針が含まれる．

②**対策基準**

対策基準には，上記の基本方針を実践するために，情報セキュリティ対策の実際の指針を記述する．一般的には，対策基準にあわせてどのような対策を行うかという一般的な規定・規則を取り上げることが多い．

③**実施手順**

実施手順では，上記の対策基準にあわせて，対象者や目的に応じて必要な手続き・手順を具体的に記載する．

情報セキュリティポリシー策定の目的は，企業の情報資産を脅威から守ることだが，その二次的なメリットとして，導入や運用を通した社員の情報セキュリティ意識の向上や，顧客・取引先への信頼性の向上といったものも期待できる．

## 8.3.2 実施サイクルとしてのPDCA

情報セキュリティポリシーの策定から，実際に守る仕組み・体制の確立と運用，評価と改善の実施サイクルが必要である．

その運用に際して必要なのが，PDCA（Plan, Do, Check, Act）のサイクルの確立と実施である．情報セキュリティ対策は，環境の変化に合わせて絶えず見直し，改善していく必要があるため，PDCAサイクルは不可欠だといえる．

①**Plan：策定**

情報セキュリティマネジメントシステムの確立を目的とした計画の策定段階．

情報資産の洗い出しを行い，リスクや課題を整理して，組織や企業の状況に合った情報セキュリティ対策の方針を定めた情報セキュリティポリシーを策定する．

前述のように，情報セキュリティポリシーは，基本方針，対策基準，実施手順の3段階で構成する．

②Do：導入・運用

情報セキュリティマネジメントシステムを導入・運用する体制の構築段階．情報セキュリティ対策をシステム等へ導入し，セキュリティの設定を行う．不要なサービスは停止し最新の修正プログラムを適用するなど，各種の対策によりセキュリティの脆弱性を減らす．

また，全社員に周知し，必要に応じて集合研修などの教育を行う．社員・職員が情報セキュリティポリシーに則って行動することで，目的とする情報セキュリティレベルの維持を目指す．

③Check：点検・評価

導入・運用しているセキュリティ対策が，自社のセキュリティポリシーに沿った有効なものか，隠れた脆弱性はないか，社会的な状況の変化（例えば，新たな攻撃手法が広がっている）等を踏まえたうえで定期的に確認・評価する．また，定期的に情報セキュリティポリシー自体も評価する．

そして，実際に遵守されているかについて監査も行う．自己点検・評価と第三者によるものを組み合わせて見直すと効果的である．

④Act：見直し・改善

点検・評価の内容を基に，不十分な点について再度リスクアセスメントを行い，情報セキュリティポリシーの見直し・改善を行う．

情報セキュリティにはさまざまなツールやサービスがあるが，一般財団法人日本情報経済社会推進協会（JIPDEC）が，国際規格ISO/IEC27001に基づいて，各システムが適切な安全対策を施しているかどうかを判断する「ISMS適合性評価制度」を作成するなどしており，それが参考になる．

## 8.4 情報セキュリティビジネス

各種のマスメディアでも頻繁に報道されているように，情報セキュリティの脅威が複雑化・多様化しているなか，情報セキュリティに関係したビジネス（情報セキュリティビジネス）の重要性は高まっており，活発になっている．

### 8.4.1 情報セキュリティビジネスの市場の捉え方

情報セキュリティ対策に関係するものはさまざまであるが，ここでは「情報セキュリティツール」と「情報セキュリティサービス」に大別する．

「情報セキュリティツール」とは，情報セキュリティに役立つハードウェアやソフトウェアの製品のことである．ハードウェアなどは有形物としての製品だが，ソフトウェアのなかには箱やディスクに入ったパッケージ販売だけでなく，ダウンロード販売の場合もある．そのため，ツールと呼んでいる．

一方，「情報セキュリティサービス」とは，上記のツールのようなものではなく，無形のサービス提供を行うことなどである．例えば，システム構築やコンサルティングのサービス，侵入検査や保全のサービス，情報セキュリティ担当者や社員全体の教育研修のサービスなど多種多様である．

情報セキュリティ対策の重要性が高まるのに応じて，これら両方の分野の市場規模は拡大している．

### 8.4.2 情報セキュリティビジネスの市場規模

#### （1）情報セキュリティビジネス全体の市場規模

情報セキュリティツールと情報セキュリティサービスのそれぞれの市場規模は，次の通りである（図表8-6）．

両者とも数パーセントずつだが年々増加しており，2015年には8,500億円を上回る市場になると予測されている．

第Ⅱ部・eビジネスの新潮流の要因

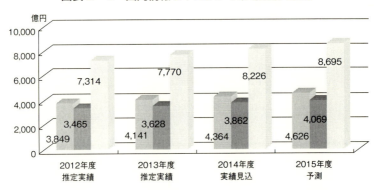

図表 8-6　国内情報セキュリティ市場規模の推移

出所：日本ネットワークセキュリティ協会（2015）『2014年度情報セキュリティ市場調査報告書』（2015年6月）p.7

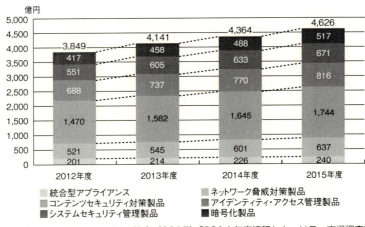

図表 8-7　国内セキュリティツール市場の推移

出所：日本ネットワークセキュリティ協会（2015）『2014年度情報セキュリティ市場調査報告書』（2015年6月）p.12

## (2) 情報セキュリティツールの市場規模

　国内のセキュリティツール市場で比率が高いのは，「コンテンツセキュリティ対策製品」「アイデンティティ・アクセス管理製品」「システムセキュリティ管理製品」「ネットワーク脅威対策製品」である（図表 8-7）．

**図表8-8　国内セキュリティサービス市場の推移**

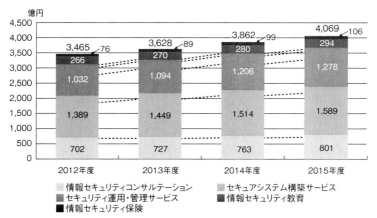

出所：日本ネットワークセキュリティ協会（2015）『2014年度情報セキュリティ市場調査報告書』
（2015年6月）p.32

いずれの分野も多少の差はあるが，徐々に増加しているのがみてとれる．

### (3) 情報セキュリティサービスの市場規模

国内のセキュリティサービス市場で比率が高いのは，「セキュアシステム構築サービス」「セキュリティ運用・管理サービス」「情報セキュリティコンサルテーション」である（図表8-8）．

いずれの分野も多少の差はあるが，徐々に増加しているのがみてとれる．

---

《発展学習のポイント》
1. 自分の周囲で，重要だと思われる情報セキュリティの活用例を探してみよう．そして，そこにはどのようなメリットとデメリットがあるだろうか．
2. 情報セキュリティについて，自分自身，自分の所属組織，社会全体の各レベルで見たときに，どのような点を整備していけば，セキュリティの状態が改善されるだろうか．
3. 今後，伸びると思われる情報セキュリティビジネスは何か．また，その理由は何か．

# 第Ⅲ部
# インターネットと
# マーケティング

第Ⅲ部では，マーケティングの基本を踏まえたうえで，インターネットによるマーケティングの革新について取り上げる．

# 9. マーケティングの基本

## 9.1 マーケティングの定義

マーケティング（Marketing）とは，「market（市場化する，市場に出す，市場を創造する）」と「ing（〜すること，〜する活動）」を統合させてできた言葉である．よって，Marketingを直訳すると「市場を創造する活動」となる．

マーケティングの定義および概念は，非常に幅広く多様である．マーケティングの世界的組織であるアメリカ・マーケティング協会（AMA）は，時代の変化にあわせて，1940年，1960年，1985年，2004年，2007年に定義の改訂を行ってきた．

1985年の定義では，「個人と組織の目標を満足させる交換を創造するために，アイデア，財，サービスの概念形成，価格，プロモーション，流通を計画・実行するプロセス」としていた．

しかし，2004年版では，「マーケティングとは，組織的な活動であり，顧客に対して価値を創造・伝達・提供するとともに，組織とその利害関係者（ステークホルダー）に利益をもたらすように，顧客との関係を管理する組織の機能および一連のプロセス」としている．この定義では，ステークホルダーや顧客への価値提供を意識した内容になっている．

そして，最新の定義である2007年版では，「マーケティングとは，顧客，クライアント，パートナー，さらに社会全体にとって価値のある提供物（offerings）を創造・伝達・提供・交換するための活動，それに関わる一連の制

度(set of institutions)およびプロセスである.」[1]としている．この定義では，ステークホルダーを個別に明記するとともに，社会全体も視野にいれていることを強調している．また，単なるプロセスではなく，「一連の制度(set of institutions)およびプロセス」と，視野を広く捉えていることがわかる．

マーケティングについては，アメリカの経営学者で"マネジメントの発明者"とも呼ばれるピーター・ドラッカーの考え方も広く知られている．ドラッカーの考えとは，「マーケティングは，顧客創造に不可欠であり，顧客こそ企業の基盤であり，存続させる」である．また，「マーケティングの理想は，販売(Selling)を不要にすることである」とも述べている．

"現代マーケティングの父"と呼ばれるフィリップ・コトラーは，「広義のマーケティングとは，個人や組織が製品や価値を創造し，それを他者と交換することで，必要なものや欲しいものを獲得する社会的で経営的なプロセスである．狭義でのビジネス上の観点からは，顧客と有益な価値の交換ができる関係の構築」として，広義と狭義の2段階で捉えている．そのうえで，一般的には，「マーケティングとは，顧客が求める価値を創造し，顧客と強固な関係を築き，その見返りとして顧客が価値を得るプロセス」[2]と定義している．

日本のマーケティングの代表的組織である日本マーケティング協会は，1990年に「マーケティングとは，企業および他の組織がグローバルな視野に立ち，顧客との相互理解を得ながら，公正な競争を通じて行う市場創造のための総合的活動である」と定義している．

この定義のなかで，組織とは「教育・医療・行政などの機関，団体などを含む」，グローバルな視野とは，「国内外の社会，文化，自然環境の重視」，顧客とは「一般消費者，取引先，関係する機関・個人，および地域住民を含む」，

---

1 2007年の定義の原文は次の通り． *Marketing is the activity, set of institutions, and processes for creating, communicating, delivering, and exchanging offerings that have value for customers, clients, partners, and society at large.*

2 原文は次の通り． *Marketing as the process by which companies create value for customers and build strong customer relationships in order to capture value from customers in return.*

総合的活動とは「組織の内外に向けて統合・調整されたリサーチ・製品・価格・プロモーション・流通，および顧客・環境関係などに係わる諸活動をいう」としており，きわめて対象を広く捉えていることがわかる．

図表9-1　マーケティングの定義

| アメリカ・マーケティング協会（2007年の定義） |
| --- |
| マーケティングとは，顧客，クライアント，パートナー，さらに社会全体にとって価値のある提供物（offerings）を創造・伝達・提供・交換するための活動，それに関わる一連の制度およびプロセス |
| ピーター・ドラッカーの考え |
| マーケティングは，顧客創造に不可欠であり，顧客こそ企業の基盤であり，存続させるマーケティングの理想は，販売（Selling）を不要にすること |
| フィリップ・コトラーの考え |
| マーケティングとは，顧客が求める価値を創造し，顧客と強固な関係を築き，その見返りとして顧客が価値を得るプロセス |
| 日本マーケティング協会（1990年の定義） |
| マーケティングとは，企業および他の組織がグローバルな視野に立ち，顧客との相互理解を得ながら，公正な競争を通じて行う市場創造のための総合的活動 |

## 9.2　顧客の欲求の捉え方

### 9.2.1　「ニーズ→ウォンツ→需要」の3段階

　マーケティングの議論において，「顧客ニーズを理解することが必要」と抽象的にいわれるが，実際には具体的に捉える必要がある．コトラーは，「ニーズ（needs）」「ウォンツ（wants）」「需要（demand）」という3段階で分けている．

　マーケティングの出発点であり，最も基本的な概念は，人間が何かを必要としている，求めているという「ニーズ」である．言い換えれば，「人が何かを不足していると感じた状態」ともいえる．そして，ニーズを満たすために具体化したものが「ウォンツ」である．

例えば，ニーズとは，「喉が渇いているから何か飲みたい（冷たいものか暖かいものか，何かの味がついているかなどはわからない）」という状況は「ニーズ」であり，「飲みたいものが『スポーツドリンク』である」と具体化したのが「ウォンツ」である．そして，それに対して購買力をともなった状況が，「需要」になるのである．

「ニーズ（needs）」「ウォンツ（wants）」「需要（demand）」は一見同じことを指しているように思えるが，顧客の欲求を見極める際にはこのように分けて捉える努力をした方が良いのである．例えば，顧客が「時刻を知りたい」という欲求をもっているとして，それは小型の置き時計なのか，腕時計なのか，スマートフォンでの時刻表示アプリなのかがまだわからない場合は，「ニーズ」である．いつも手軽に身につけて時刻を正確に知るのに役立つ電波式腕時計ということがわかれば，「ウォンツ」である．そして，実際に太陽光機能も付いた電波式腕時計を購入しようとするのが「需要」である．

顧客の意志がこの3段階のどこに位置するかによって，顧客へのアプローチは変わってくるのである．顧客の欲求が「ニーズ」「ウォンツ」「需要」のどの段階に近いのかを考えるのが，マーケティングの出発点となるのである．

## 9.2.2 顧客の欲求を満たす

これまで，顧客のニーズやウォンツを満たすのは，支払って得られる「製品」や「サービス」が中心だった．例えば，旅行に行きたいとして，旅行に行くために必要なスーツケースなどの製品を買ったり，旅行代理店に航空チケットや宿泊の手配などのサービスを頼むのは，ニーズやウォンツを満たすことになる．最近ではそれに加えて，旅行先で，地元の人しか知らないような「経験（体験）」が得られることが，顧客の欲求を満たす主要因になることもある．

最近では，製品の購買などの「モノ」消費だけでなく，さまざまな「サービス」，「経験（体験）」，どの製品やサービスが優れているか・評判はどうかなどの「情報」，さらにはソーシャルメディアの普及の原動力となっている「人との関係の構築・拡大」といったものに対価を払う「コト」消費が拡大している．

ただし，製品，サービス，経験といったものを分断して考えるのは適当では

ない．以前は，「製品」を購入してそれが壊れやすいかどうかで満足度は左右されたが，故障したりした場合のアフターサービスは，次にその会社の製品を購入したいと思うかどうかの重要な判断要因となっていた．それに加えて，製品の購入後に追加でサービスを継続的に得られたり，その製品をもとに各種の経験を得られるような場合も増えている．

例えば，スマートフォンを購入して製品に満足するだけでなく，そこで提供されているアプリケーションのマーケット（アップル社のiPhoneの場合であれば，iTunesやApp store等）で自分の希望にあったアプリを無料・有料で購入できるようになっている．さらに，それらを使い，ソーシャルメディアで古い友人を発見してテレビ電話機能で顔を見ながら会話するといった体験も可能である．つまり，現代は，製品，サービス，経験を組み合わせて顧客の欲求を満たすことが望ましいともいえる．

製品，サービス，経験については，企業などの提供側と消費者などの利用側（受益側）といった関係で捉えることが多い．これは，製品，サービス，経験を得る際にお金を支払っているので「交換」しているといえる．一般的に，交換とは「求めるものを他者から手に入れる代わりに，こちらも何かを提供すること」である．なお，交換は必ずしもお金だけとは限らず，政治家にとっては選挙地区民の票であり，地元の自治会長にとっては労力の対価としての地元住民からの敬意などだといえる．

マーケティングの場合，この交換を通じて顧客と望ましい関係を構築（リレーションシップの構築）し，それを維持・拡充できるかが重要である．そして，このような交換や関係構築の集合体としての概念が，市場である．

## 9.3 マーケティングコンセプトの変遷

マーケティングコンセプトとは，マーケティングの基本的な考え方のことであり，時代とともに変化している．

コトラーは，マーケティングコンセプトを生産志向，製品志向，販売志向，

顧客志向，社会志向の5つに分類している．

①**生産志向**（Production Concept）

顧客は入手しやすい手頃な製品を欲するという前提にたって，経営者は生産や流通の効率化に集中すべきという考え方である．古くからある考え方のひとつで，需要が供給を上回っていた時代や分野のものともいえる．

②**製品志向**（Product Concept）

顧客は最高の品質や性能をもつ製品を欲するという前提にたって，魅力的な製品の開発や改善に集中すべきという考え方である．魅力的な製品の開発や改善は基本ではあるが，もし生産者・販売者が，顧客の求める製品を見誤っている場合は，「マーケティング・マイオピア（近視眼的マーケティング）」に陥っているといえる．

③**販売志向**（Selling Concept）

顧客が製品の必要性に気づかなければ購入してもらえないから，大規模な販売やプロモーション活動に集中すべきだという考え方である．これは，顧客ニーズに基づいた考え方というよりは，生産者・販売者による（顧客ニーズがあるだろうと考えて生産した）製品の販売ありきであり，顧客との良好で継続的な関係構築は視野に入っていない．これは，自社の技術・サービスレベルの向上を追求することを中心に考える，つまり作り手の理論を優先させた「プロダクト・アウト（Product Out）」の考え方ともいえる．

これも「マーケティング・マイオピア（近視眼的マーケティング）」に陥ってしまう懸念がある．

④**顧客志向**（Marketing Concept）

ターゲットとなる市場（または顧客）のニーズを競争相手よりも的確に掴んで，顧客満足を提供することを重視した考え方で，「マーケティング志向」ともいえる．作った製品をとにかく売るというのではなく，あくまで顧客が望んでいるものを感じ取って提供するという顧客中心を目指している．これは，顧客のニーズに合わせて商品の企画・開発を行う，顧客のニーズを重視し，優先させる「マーケット・イン（Market In）」の考え方である．

いいかえれば，顧客に主導された「顧客主導型マーケティング」といえる．

これは，顧客のニーズが比較的はっきりしている場合や，顧客が何を欲しいるかを自覚している（ウォンツ）場合に有効である．しかし，顧客が思いも着かない全くの新しいコンセプトの商品開発の時点では，これは成立しない．生産者・販売者がその製品の良さ・有益さを顧客に積極的に伝えることで，顧客に関心をもってもらう「顧客誘導型マーケティング」も必要になっている．

このように，顧客志向といっても，異なるアプローチが存在することを理解しておくのが重要である．

⑤社会志向（Societal Marketing Concept）

ターゲットとなる市場（または顧客）の目先のニーズ（短期的なニーズ）を満たすとしても，顧客を含めた社会全体に悪影響が及ばないか長期的な視野を重視した考え方である．この考え方に基づけば，顧客が必要とするものであっても，社会や地球環境全体に悪影響を与えると思われるものは，生産・販売しないという考え方である．

これら5つの考え方を大別すれば，生産者・販売者に重点をおいた考え方である「販売志向」タイプと，顧客のニーズの把握や開拓に重点をおいた考え方である「顧客志向」タイプという2つのタイプに集約される．

実際のビジネスはそれほど単純ではなく，状況に応じて両者の適切な組み合わせが必要となることが多い．また，当該企業の業界における地位（例えば，市場のガリバー or 新興勢力），業界の種類（重厚長大産業 or 新しい分野のサービス業）などによって左右されることもある．

## 9.4 マーケティングの基本プロセス

マーケティング戦略は，一般的に次のプロセスで検討・策定される．

> 「マーケティング環境分析(リサーチ)」
> ↓
> 「セグメンテーション,ターゲティング,差別化,ポジショニング(STDP)」による
> マーケティング戦略の立案
> ↓
> 「マーケティング・ミックス(MM)」の視点によるマーケティング計画の立案

　マーケティング戦略や計画の立案はこれで良いが,より広く捉えるなら,最初と最後にそれぞれプロセスを追加する必要がある.

　最初に,マーケティング環境分析を始める前に,自社のミッションや経営戦略に基づき「戦略目標の策定」を行い,方向性や目標を明確にする必要がある.

　最後には,マーケティング戦略や計画を立案した後に,その計画の「実施・管理(評価も含む)」が必要になる.

　したがって,マーケティングの基本プロセスを広く捉えると,次の図表9-2のように整理できる.

図表9-2　マーケティングの基本プロセス

　次に,マーケティング戦略の立案プロセスについて,具体的に解説する.

## 9.4.1 マーケット環境分析

マーケット環境分析には，「外部環境分析」と「内部資源分析」がある．

### (1) 外部環境分析

外部環境分析は，次の「マクロ的外部環境」と「ミクロ的外部環境」に分類できる．それぞれの主な構成要素は，次の通りである．

**①マクロ的外部環境**
○経済的環境：国内総生産，経済成長率，景気動向，失業率，可処分所得，エネルギー 等
○人口動態的環境：出生率，少子高齢化，人口規模，労働力人口，世帯構成 等
○社会文化的環境：文化，宗教，イデオロギー，勤勉さ，順法精神 等
○政治・法律的環境：法整備，政府の意志決定，規制緩和 等
○技術的環境：情報通信技術，製造技術 等
○自然環境：天然資源，環境，自然災害の発生頻度 等

**②ミクロ的外部環境**
○消費者：消費者市場，購買行動 等
○競争企業：競争構造，関係性 等
○利害関係集団：供給業者，仲介業者，金融機関，マスメディア 等
○産業状況：産業の規模・魅力度，供給構造，流通構造 等

### (2) 内部資源分析

企業内部の経営資源を対象とした分析の主な構成要素は次の通りである．
○人的資源：経営陣，管理部門，営業部門，技術部門 等
○物的資源：保有資産の価値，導入している生産技術 等
○財務資源：収益獲得力，経営安定性，資金調達構造，キャッシュフロー 等
○情報資源：経営情報システム，運用力 等
○知識資源：技術力，ブランド力，特許 等

### (3) SWOT 分析

内部資源分析と外部環境分析を活用して,「Strength（強み）と Weakness（弱み）」「Opportunity（機会）と Threat（脅威）」について分析を行うのが「SWOT 分析」である.

## 9.4.2 STP の考え方

上記の SWOT 分析の結果を受けて, 次に行うのが「STP」の段階である.

最初に, どこの市場に着目するかを検討するうえで必要となるのが市場細分化, つまり「セグメンテーション（Segmentation）」である. 次に, マーケティングの対象を「ターゲティング（Targeting）」して絞り込む. そのためには, 競合他社と競うための差別化（Differentiation）を検討したうえで, 市場のどのような位置に「ポジショニング（Positioning）」するかを決めるのである.

STP の段階を経てマーケティングを行う標的市場が明確になる. そこで成功を収めるために, 4P や 4C の捉え方を駆使してマーケティング計画を立案するのが,「マーケティング・ミックス（MM）」の段階である.

## 9.4.3 マーケティング・ミックス：4P と 4C

マーケティングの計画, 実行, 評価にあたっては, その諸要素を 4 つのカテゴリーに分けて提示することが一般的である. 4 つのカテゴリーとは,「製品（Product）」「価格（Price）」「流通（Place）」「プロモーション（Promotion）」で

**図表 9-3 マーケティングの 4P**

| マーケティングの 4P | 内容例 |
| --- | --- |
| 製品（Product） | 品質, 製品特性, 付属品, スタイル, ブランド, 包装（パッケージ）, サイズ, 保証, 返品など |
| 価格（Price） | 希望小売価格, 低価格, 値引き幅, 支払期間, 支払条件, オープン価格など |
| 流通（Place） | 流通経路（チャネル）, 販売地域, 立地, 在庫, 配送, ロジスティクスなど |
| プロモーション（Promotion） | 広告, パブリックリレーションズ（PR）, 販売促進（SP）, 人的販売など |

あり，一般に「マーケティングの4P」と呼ばれている．例えば，商品の品質や保証については「製品」に，希望小売価格や値引き幅については「価格」に，流通経路や立地については「流通」に，広告や人的販売については「プロモーション」に分類される．図表9-3は，それをまとめたものである．

この4Pは，企業の側が顧客との関係を構築するために採用する手法や活動を分類したものである．一方，この4Pを顧客の側から見ると「4C」になるといわれている．4Cとは，「顧客の抱える問題解決（Customer solution）」「顧客が支払う費用（Cost）」「顧客の購買時の利便性（Convenience）」「顧客へのコミュニケーション（Communication）」である．

「製品（Product）」に関する諸要素は，主に「顧客の抱える問題解決（Customer solution）」にかかわるものである．「価格（Price）」に関する諸要素は，主に「顧客が支払う費用（Cost）」に対応する．「流通（Place）」に関する諸要素は「顧客の購買時の利便性（Convenience）」の確立，「プロモーション

**図表9-4　マーケティングにおける4Pと4Cの関係**

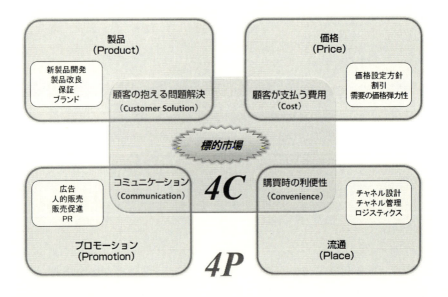

(Promotion)」は「顧客へのコミュニケーション (Communication)」を形成する．

図表9-4は，4Pと4Cの対応関係をあらわしたものである．

マーケティングにおいては，「売り込む」という古い感覚ではなく，顧客自身も気づいていないような顧客の潜在的なニーズを見いだして満たす，という新しい感覚が必要不可欠である．それを効率的に行えるようになった理由として，インターネットの普及とマーケティングへの活用がある．

企業は，開発・製造した製品の売り上げ拡大とシェアの確保・拡大という目的を効率的に達成させるためにも，徹底的なマーケティングリサーチを行い，有効なマーケティング戦略と計画を立案し，実施・管理する必要がある．

---

**《発展学習のポイント》**
1. マーケティングの定義の変化と，社会の変化の関係について考えてみよう．
2. 身近な事例にマーケティングの4Pと4Cの考え方を当てはめてみよう．
3. 自分が好きな商品・サービスをひとつ選んで，そのマーケティングがどのように行われているかについて，「マーケティングの基本プロセス」にあてはめて考えてみよう．

# 10. インターネットによるマーケティングの革新

## 10.1 インターネットによるマーケティングの進化

インターネットの普及，そして，これまでに取り上げた e ビジネスの新潮流の促進要因である「モバイル＆スマート」「クラウド」「ソーシャルメディア」「ビッグデータ」によって，マーケティングに大きな変化が現れている．

次の図表10－1は，インターネットの発展とマーケティングの進化につい

図表10－1　インターネットの発展と企業・個人の利用の進化

ICTの進化・多様化

【第3段階】モバイル、クラウド、ソーシャル、ビッグデータの普及・活用
→《企業》モバイル、クラウド、ソーシャルを使って個人とのチャネル強化、IoTの進展によりデータの収集と蓄積・分析が飛躍的に拡大し、「ビッグデータ」の積極的な利用へ。また、ロボットやAIの進化がこれを後押し。
→《個人》モバイル、クラウド、ソーシャルを使った受発注チャネルの多様化、横とのつながりの加速度的な進行

【第2段階】Web2.0で企業と個人が情報の受発信
→《企業》Webサイトと他メディアの融合強化、顧客の声の活用促進
→《個人》個人のネット利用が活発化、ブログで商品等の紹介・批評など個人の主張が拡大、横とのつながりが始まる

【第1段階】インターネットが徐々に普及
→《企業》Webサイトで情報発信を開始
→《個人》先駆者が利用を開始

時系列

出所：筆者作成

ての関係を3段階で整理したものである.

第1段階（1990年代から2000年代半ば）では，インターネットの利用が企業等の法人を中心に徐々に普及して，企業がWebサイトを作成して商品やサービスの情報提供を始めた時期である．基本的には法人側からの一方向的な情報提供である．このときは，それまでのように消費者は大衆（マス）として捉えられていたが，従来，接触するチャネルが無かった人々，例えば，海外の潜在的な顧客等に自社の情報を伝えられるようになったのは大きな変化であった．また，インターネットの普及と通信回線速度の向上により，画像や動画での情報提供が可能になり，商品・サービスのイメージを伝えやすくなった．

第2段階（2000年代後半）では，ADSLから光回線の普及，モバイル機器の普及，通信回線速度の向上と低価格化により，個人のネット利用が飛躍的に増加した．さらに，個人がブログなどで商品・サービスの紹介や批評をすることが増え，また互いに投稿し合うなど横のつながりができるようになり，消費者側からの意見を企業が無視できないようになった．以前から個人でのWebサイト制作はできたが，一般の人には少し敷居が高いこともありそれほど進んでいなかったので，第2段階では技術の進歩で大きな変化がおきたといえる．

以前は，通信販売会社などが顧客の過去の購買行動のデータをデータベース化してダイレクトマーケティングを行っていたが，この頃にはアクセス履歴から個々人の嗜好を吸い上げて，それにあったプロモーションを展開できるようになっており，文字通り「One to Oneマーケティング」が実現できるようになってきた．

この流れのなかで，より精緻なターゲティングをするために，消費者の閲覧履歴などを追う「行動ターゲティング」などの手法が生み出されてきた．

第3段階（2010年代以降）では，第2段階での動きがさらに進むとともに，クラウドサービスの登場，ソーシャルメディアの飛躍的な浸透により，消費者同士が容易につながりあうネット社会が進展している．一方，企業側にとっては，ソーシャルメディアなどで顧客と接触できるチャネルの複線化ができたともいえる．さらに，IoTの進展によりデータの収集と蓄積・分析が飛躍的に拡大し，「ビッグデータ」が積極的に利用されるようになった．また，ロボット

(ロボティクス)やAI(人工知能)の進化がこれを後押し，消費者ニーズの動向把握などの"精度"が大幅に向上すると共に，ビッグデータの利用が現実化しており，新たなビジネスの誕生を促している．

　これまでみてきたように，従来，消費者は大衆(マス)としてマーケティングの対象となっていた．しかし，インターネットに代表されるメディアや通信手段の発達によって，一人ひとりの個人として捉えられるようになっている．
　インターネットの普及と進化が進み，ソーシャルメディアを通して消費者同士のつながりが強くなると，消費者は独立した「個」ではなく，つながりをもつ存在として意識されるようになっている．同じ興味関心をもったコミュニティなどがインターネット上で作られるようになると，それを対象とした効果的なマーケティングを行えるようにもなっている．
　このような流れからわかるのは，インターネットの普及によって消費者の声を聞きやすい環境が生まれたこと，消費者との接点が増えたことである．それによってより効果的なマーケティングを行い，販売促進につなげられるように

**図表10-2　インターネットによるマーケティングの変化(例)**

|  | リサーチ(事前調査) | プロモーション | 効果検証 |
|---|---|---|---|
| 従来型 | ・消費者インタビュー<br>・質問紙でのアンケート調査などでニーズ把握 等 | ・広告費を使ったマスを対象とした広告/PR<br>・データベースを利用したダイレクト広告/PR | ・売上げの伸びなどから間接的に推測<br>・インタビューやアンケート調査で反応を確認 |
| インターネット活用型 | ・大量モニターを対象としたネット調査<br>・ソーシャルメディア上での話題性の調査<br>・クラウドソーシングを使った意見・アイデア収集<br>・ビッグデータを活用したニーズ調査 等 | ・個々人の嗜好にターゲットを絞った広告/PR<br>・ソーシャルメディアを使った口コミの拡散<br>・モバイル&スマートを使ったOtoOの推進 | ・サイトKPIやKGIによる個別具体的な確認<br>・ソーシャルメディア等での話題性分析<br>・OtoOでの相関関係の確認 |

注) KPI (Key Performance Indicator)：解析ツールを用いて，その効果測定するための各種指標の総称．KGI (Key Goal Indicator)：(インターネットマーケティングの過程で)自社が立てたプロジェクトの目標を達成しているかどうかを測る指標

なっている.

マーケティングの流れを,「リサーチ(事前調査)」→「プロモーション」→「効果検証」という3ステップで整理し,インターネットの活用前の「従来型」と「インターネット活用型」で分類すると,図表10-2のような違いがみられる.

## 10.1.1 購買モデルの変化

消費者の購買行動のプロセスは,一般的に「注意を惹く(Attention)」→「興味・関心をもつ(Interest)」→「欲する(Desire)」→「記憶する(Memory)」→「購買に至る(Action)」を辿るとして,従来のマーケティング用語で「AIDMA」モデルで説明されていた.

これは,「ひとつの商品に対し注意を払い,関心をもつ.ほしいという感情を抱き,その欲求が強いと商品が記憶され,最終的に購入に至る」というプロセスを想定している.AIDMAのプロセスに合わせたプロモーション活動を行うことが,販売成功につながる重要なポイントとされてきた.また,注意や関心を引く段階までが広告であり,それ以降の段階では広告よりも人的販売の方が大きな影響を与えるとされている.

インターネット普及によって起こった第1段階の変化は,消費者が商品につ

**図表10-3 インターネットショッピングにおける購買プロセスの変化**

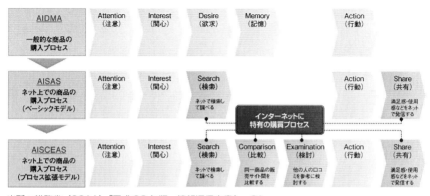

出所:総務省(2011)『平成23年版 情報通信白書』p.61

いてインターネットで検索し調べるようになったこと，そして購入した商品についてインターネットで情報を発信し，他の消費者と共有するようになったことである．AIDMA モデルに「検索（Search）」と「共有（Share）」を加えて，「AISAS」などと呼ばれている．従来は商品についての情報を得るのは難しかったが，インターネットによって容易に「検索」と「共有」が可能となった．

加えて，このプロセスをさらに拡張して，「AISCEAS」と呼ぶこともある．これは，商品について調べるだけでなく，「比較（Comparison）」したり，じっくりと「検討（Examination）」するプロセスが加わっている．インターネットによって購入までの手間が省けただけでなく，従来はできなかったプロセスの経験が可能となっている．場合によっては時間をかけて調べ，考えることでより満足のいく買い物ができるようになっている．

インターネットショッピングの利用実態（購入スタイル）に着目すると，検索して購入するスタイルが多いことがわかっている．例えば，経済産業省の「インターネットショッピングの購入スタイルに関する調査結果（平成22年度）」によると，特定のECサイトや検索エンジンで商品を検索して購入する人は4割を超えており，価格比較サイトで商品を検索して購入する人も3割を超えている．スマートフォンの普及でショッピングでのインターネットの利用はますます手軽になってきており，今後も高まっていこう．

## 10.1.2　マーケティング・コミュニケーションとインターネット活用

企業は，魅力的な製品，サービス，経験の機会を考案するとともに，それを適切・的確に伝えるために顧客とコミュニケーションをとる必要がある．それが，マーケティング・コミュニケーションである．

マーケティング・コミュニケーションの手段として代表的なものは，次のとおりである．

- 広告：企業が消費者に対して製品やサービスの魅力の説明や，企業自身について行うプロモーションのこと．
- パブリックリレーションズ（PR）：企業が関わるさまざまなステークホルダーと良好な関係を構築・維持するために行うプロモーションのこと．

- 販売促進：消費者の購買や流通業者の販売意欲を促進するための，比較的短期的なプロモーション活動のこと．
- 人的販売：顧客の関係構築を目指して，消費者などに直接接触して購買意欲を促進するプロモーション活動のこと．

これらを目的に応じて組み合わせて統合的に活用する考え方が，「統合型マーケティング・コミュニケーション（IMC：Integrated Marketing Communication）」である．

次に，それぞれのマーケティング・コミュニケーション手段とインターネットの関係は，次の図表10-4のように整理できる．

**図表10-4　マーケティング・コミュニケーション手段とインターネットの関係**

| | インターネットとの関係 |
|---|---|
| 広告 | ・インターネットとの関係は非常に強い．<br>・さまざまな広告の実施において，インターネットでの提供が実施されている．<br>・PC，スマートフォン，タブレット，屋外ディスプレイなど，あらゆる広告が関係する．<br>・広告には，製品・サービスだけでなく，企業自身の考えを伝えイメージを向上させることを目的にしたものがあり，PRとも関係する． |
| パブリックリレーションズ（PR） | ・インターネットとの関係は強い．<br>・ステークフォルダーとの良好な関係を構築・維持するために，さまざまな場面でインターネットが活用される． |
| 販売促進 | ・インターネットとの関係は販売促進の手段に応じて存在．<br>・販売促進（セールスプロモーション）の実施において，スマートフォンのアプリでのクーポン提供など，さまざまな場面で活用される． |
| 人的販売 | ・インターネットとの関係は部分的にはある．<br>・基本的には人を通じた販売なのでインターネットとの関わりは低いと思われるが，例えばタブレット端末に商品などの紹介を表示しながら対面販売するなどもある． |

## 10.1.3　インターネットとメディア

(1) トリプルメディア

トリプルメディアとは，企業がメディア戦略を考えるときに利用する3つの

## 図表10-5　トリプルメディアの概念

外部メディア ←利用― 自社 ―働きかけ→ 不特定多数

| | Paid Media | Owned Media | Earned Media |
|---|---|---|---|
| | "買うメディア" | "所有するメディア" | "得るメディア" |
| 位置づけ | 費用を払って利用 | 自社で管理・運営 | 不特定多数の意思 |
| 特徴 | これまで自社のことを知らない層に伝えたり，幅広い層の関心喚起 | 自社で伝えたいことを明確化し，ユーザを迎え入れて関係性を向上 | 一般社会での評判，連鎖的な関心の喚起に役立つ．味方にもなれば，制御不能な敵にもなる |

マーケティングチャネルのことで，顧客との接点を基準に分類している．

インターネットの普及によって3つのメディアは同じフィールドに集まり，連携と融合がしやすい状況が生まれている．

ネットマーケティングによって重視されているのが，オウンドメディアとアーンドメディアである．従来は，企業が消費者に伝えたいことを伝える，という姿勢が中心だったのに対し，近年では，企業や商品に興味をもった消費者をいかにサポートしていくかという姿勢が強くなっているためである．

ただし，インターネット広告のデメリットも留意しておく必要がある．まずは，情報の氾濫である．インターネットは誰でも気軽に発信できるため，正確な情報も，不正確な情報も等しく流通する．よって，広告の内容や表現に対してネガティブな評判が拡散することもあり，それがユーザの不信感につながれば広告効果は大きく損なわれてしまう可能性がある．

また，インターネット接続環境の違いによって，制作した広告を再現できない場合があり，すべてのユーザに同質の情報を伝達できない可能性がある．さ

**図表10−6　トリプルメディアの概要**

| メディア | 概要 | 例 |
|---|---|---|
| Owned Media（オウンドメディア） | 自社のWebサイトや企業のコミュニティなど、自社が直接所有しているメディア。"所有するメディア（自社媒体）"。インターネットの他には、さまざまな商品パッケージや店舗が該当する。企業が自由に利用・変更できる点が特徴で、継続的に情報を流すほか、新たなファンを増やすためにデザイン性、エンターテイメント性の向上やSEO対策などが重要。 | 自社サイト、自社ブランドサイト、自社コミュニティ、メールマガジン等 |
| Paid Media（ペイドメディア） | 媒体費を払って広告枠を購入してプロモーションに利用するテレビや新聞などの外部メディア。"買う（購入する）メディア"（広告媒体）。新商品の発売やキャンペーンなど、短期間で広く宣伝する場合に利用されることが多い。 | テレビCM、新聞・雑誌広告、バナー広告、リスティング広告、アフィリエイト等 |
| Earned Media（アーンドメディア） | ソーシャルメディアや口コミサイトなど、ユーザの意見や口コミ等を通じて、企業が信用や評判を得るメディア。世間からの評判などを"（信頼や評判を）得るメディア（クチコミ媒体）"。ソーシャルメディアでの評判によっては、味方にすれば自社商品・サービス等の信頼・評判獲得に役立つが、敵にまわせば大きな脅威にもなりうるもので、制御が難しい。ソーシャルメディアの普及で非常に影響力が拡大し、注目されている。これらのメディアをCGM（Consumer Generated Media、消費者生成メディア）とも呼ぶ。 | SNS、ブログ、口コミサイト、動画投稿サイト、価格比較サイト等 |

らに、物理的にインターネットを使うユーザにしか情報を伝達できないというデメリットもある．

## (2) インターネットの検索とマーケティング

インターネット上で顧客に知ってもらうための最重要課題となるのが、検索エンジンで検索された際に、上位に表示されるかどうかである．このように、検索エンジンから自社のWebサイトへの訪問者を増やすマーケティング手法

が，SEM（Searching Engine Marketing）である．

SEMには主に，自然検索での順位を調整する「SEO（Searching Engine Organization/ 検索エンジン最適化）対策」と，設定したキーワードが検索されて表示される「リスティング広告」などの手法がある．

SEOでは，まずターゲットとするキーワードを決め，ユーザが求めている内容とWebサイトの内容ができるだけ一致するように選定する．その他，プログラミングを調整したり，良質なサイトを運営している企業のリンクを得て，サイトとしての評価を上げたりすることで，検索結果を上位にあげることにつなげるように工夫を凝らす．

ただし，競合企業も同様の取り組みをやっている場合が多く，差別化をはかるのは容易ではない．また，検索エンジン提供会社が検索の順位を決めるルールを変更する場合もある．このように，SEO対策は，自社内だけでなく，競合他社や検索エンジン提供企業の動きを適宜把握しながら戦略を練る必要がある．有料の広告サービスを併用することも，選択手段のひとつである．

「リスティング広告」については，後述する．

## 10.2 インターネットと広告

### 10.2.1　広告市場の動向とインターネット広告

Paid Mediaのインターネット広告とは，企業などの広告主が，インターネット上のスペースを使って自社が掲載したい広告を掲載するサービスのことである．

消費者は，広告の文章・画像・動画などを閲覧したり，そのバナーをクリックしたりして広告主のサイトにアクセスできるなど，その形態は多様である．

（1）動向

インターネット広告はインターネット環境やモバイルの普及などとともに，

10・インターネットによるマーケティングの革新

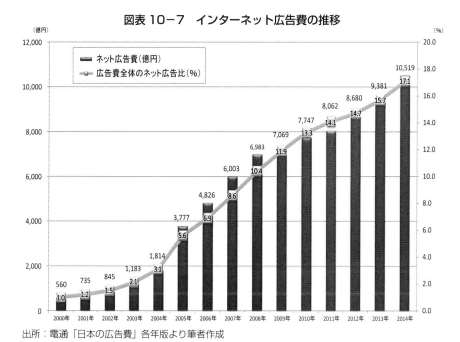

図表10-7　インターネット広告費の推移

出所：電通「日本の広告費」各年版より筆者作成

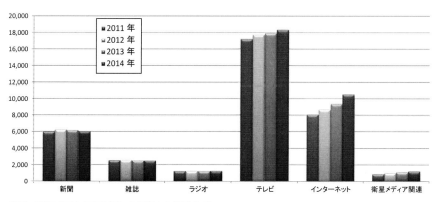

図表10-8　主要媒体別の広告費の推移

出所：電通「日本の広告費」各年版より筆者作成

着実に存在感を増してきている．

　電通が毎年発表している「日本の広告費」によると，広告費全体に占めるイ

151

ンターネット広告費の割合は，2004年にラジオ広告，2007年に雑誌広告，2009年には新聞広告費を抜き，急成長を遂げている．そして，2010年にはラジオと新聞の広告費を足した水準にまで達し，テレビに次いで2位の座を占めている．

2000年には広告費全体の1%であったのが，2014年には15.7%を占め，1兆519億円（前年度比112.1%）に達している．

主要媒体別の広告費の推移から，インターネット広告費の伸びが最も著しいことがわかる．今後もインターネット広告の存在感は継続して高まるであろう．

### (2) 分野別と業種別の動き

電通の「日本の広告費」によると，インターネット広告費は，2012年は8,680億円，2013年は9,381億円，そして2014年には初めて1兆円を超えて，1兆519億円となっている．インターネット広告媒体費とインターネット広告制作費で分けてみると，2012年は6,629億円と2,051億円，2013年は7,203億円と2,178億円，2014年は8,245億円と2,274億円となっている[1]．

順調な伸びを継続して示すインターネット広告媒体費の内訳をみると，従来型のWebサイト上の広告枠を利用した「枠売り広告」が堅調に推移する一方で，近年登場した「運用型広告」は急成長している．「運用型広告」とは，膨大なデータを処理するプラットフォームにより，広告の最適化を自動的もしくは即時的に支援する広告手法のことで，スマートフォン普及を背景に幅広く活用されるようになった．

運用型広告費の大半を占める検索連動広告の市場は，インターネットを利用する機器の多様化と普及，さらに動画を活用したタイプのものの登場によって，拡大が続いている．

また，ポータルサイトや各種専門サイト，およびソーシャルメディア上での「枠売り広告」は，運用型広告に代替される動きが進んだが，動画広告の活用

---

1　電通「日本の広告費（各年版）」 http://www.dentsu.co.jp/knowledge/ad_cost/

など手法の多様化や，キュレーションメディアといった新たなメディアの出現などの動きが本格化して，持ち直しつつあるといえる．

インターネット広告制作費については，SNSの普及など広告プロモーション活動の活発化にともない，金額的には増加傾向にある．ただし，案件数は増加しつつも，制作単価の下落傾向がみられる．

業種別広告費でみると，2012年～2014年の主要上位5業種は「化粧品・トイレタリー」，「食品」，「情報・通信」，「金融・保険」，「飲料・嗜好品」，「自動車・関連品」などである．

(3) スマートフォンやソーシャルメディアによる広告手法への影響

総務省の『平成25年版 情報通信白書』によると，スマートフォンの登場により広告手法にも変化が起きている．スマートフォンにより，パソコンサイト向けのバナー広告等も閲覧できるようになり，パソコンが無くてもWeb上の広告を見てもらえるようになってきている．また，従来型携帯電話（フィーチャーフォン）の時には画像バナーやテキスト広告が中心だったが，スマートフォンの場合はアプリでプロモーションを行う企業が増加している．そのため，これまで広告費に投入されていた予算が，アプリの開発やクーポン費用に投入されるようになり，広告費と販売促進費を一体化して運用するという動きもでている．

今後の広告メディアの利用見通しでは，「今後増加する見込み」と答えている企業は，テレビ，新聞，雑誌などでは5％程度なのに対して，ソーシャルメディアは37％強に達しており，今後もソーシャルメディアによる広告の増加が大いに見込まれる．

## 10.2.2 インターネット広告の特徴と分類

インターネット広告の特徴は，特定のユーザに対して効率的に広告展開でき，精度の高いターゲティングが可能な点である．例えば，ユーザの属性や位置情報から各ユーザにとって有益な情報を割り出し，それに関連する広告を即座に送信できる．その他，ユーザが検索エンジンで検索したキーワードや閲覧履歴

からそのユーザの好みを分析して，そのユーザにあったコンテンツを新たに表示して効率的にアプローチすることも可能である．このような機能を，リコメンデーション機能という．Amazonなどがこの分野で非常に進んでいる．ただし，消費者にとっては，自分が閲覧しているサイト上に何度も類似の広告が表示されるので，不快感をもつ場合もあるため，適切な表示がどの程度・どのようなものかを慎重に検討する必要がある．

また，一方的に広告情報を発信するだけでなく，ユーザからの意見を汲み取るように双方向のコミュニケーションをとったり，ユーザが発信した情報を広告として利用したりすることもできる．また，一人のユーザから他のユーザへと口コミで広がることも可能である．このような，口コミなど「消費者が生成するメディア」をCGM（Consumer Generated Media）と呼ぶ．代表的なものとして，食べログ，価格.comなどがある．ただし，以前，食べログについて

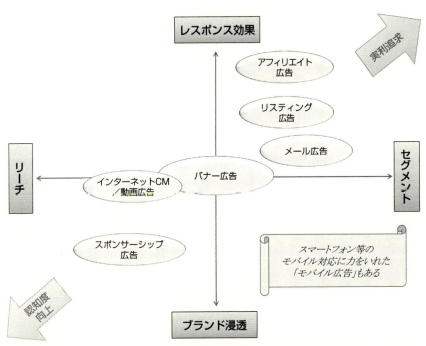

図表10-9　インターネット広告の種類と利用目的のイメージ

話題になったように,投稿者が特定の店舗からお金をもらってその店舗の評価を高くするといった問題も発生しており,CGMをそのまま鵜呑みにするのは賢明とはいえない.そのような不正を防ぐ仕組みの導入が求められている.

次に,インターネット広告の主な種類と内容について述べる.

### (1) バナー広告

Webサイト上にバナー(広告の画像)を貼り,クリックすると広告主のWebサイトにつながる形態の広告で,広く活用されている.

少しでも多くの人に見てもらいたい,つまりインプレッション効果を重視する場合は,Webサイトの閲覧数が多いほど掲載料金が高くなる仕組みがとられている.一方,バナーをクリックしてWebサイトを訪れた人が実際に商品を購入する実績につながった場合のみ費用が発生する成果報酬型もあり,確実に成果を得たい場合は,クリック課金型のバナー広告が効果的である.

### (2) リスティング広告

リスティング広告とは,広告主があらかじめ指定したキーワードがユーザに検索されたときに,その検索結果ページに広告を表示させる方法である.それには,ユーザの検索したキーワードに直接的に連動する「検索連動型広告」と,Webサイトに掲載されているコンテンツの文脈やキーワードに関連性が高い広告を配信する「コンテンツ連動型広告」がある.

「検索連動型広告」の代表的な例は,GoogleやYahoo! JAPANなどの検索結果画面に掲載される広告である.

リスティング広告は,クリックされた回数に応じて費用が発生するため,クリックしなかった人(興味をもたなかった人)に対する無駄な費用をかけなくてすむというメリットがある.月間予算も広告主が決められる.クリックごとの単価(CPC:Click Per Cost)はキーワードごとに入札方式で決定されるが,人気のあるキーワードは非常に高くなる場合もある.例えば,「ICT 教材 通信」などの,いわゆるスモールキーワード(対象が狭いキーワード)を追加してキーワードを絞り込むことで,高い精度で見込みのあるユーザを絞り込む

ことができる．

### (3) スポンサーシップ広告

　Webサイトの内容に関連する商品やサービスの広告を表示する形態である．Webサイトを閲覧しているユーザにターゲットを絞れるほか，文章のなかなどにリンクを貼っておくことで，広告と思わせずに自然にユーザを広告主のサイトに誘導できるというメリットがある．

### (4) インターネットCM／動画広告

　動画・音声・音楽などを加えたリッチコンテンツでメッセージを伝えやすくしたもの．インパクトが強く，伝えられる情報量も多い．YouTubeなどの動画共有サイトを用いてCMを公開する企業が着実に増えている．最近では，民間企業だけでなく，自治体が地域活性化などのために利用する例もみられる．
　個人がネット上で見た場合，SNSなどを用いて情報を広めやすいため，口コミによる広告効果が期待できる．

### (5) アフィリエイト広告

　Webサイトに広告主のWebサイトへのリンクを貼り，そのWebサイトを経由して会員登録や商品購入，資料請求などの実際の成果等が出た場合に掲載Webサイトに対して報酬が支払われるという，成果報酬型の広告である．広告の表示回数ではなく成果に対しての報酬が支払われるので，費用対効果は比較的高いといえる．

### (6) メール広告

　電子メールを利用したサービスに挿入される広告で，ユーザがメールを開封して閲覧しない限りユーザの目に入ることはないことから，インターネット広告のなかでは数少ないプッシュ型の手法である．メールの開封率を上げるために，興味関心をひきやすいタイトルやレイアウトにすること，内容を充実させること，送信日時に配慮することなどが必要である．

配信の形態のひとつに，メールマガジン型広告がある．メールマガジンの購読者に登録しているユーザを対象に広告メールを配信する．ユーザに一定の関心があることが見込まれるため，ユーザの潜在的なニーズを喚起させて行動を起こさせる販促手段といえる．購読者のなかでも年齢や性別，年収，興味関心など登録時の入力情報から対象をより絞り込む場合は，ターゲティングメール広告という．

(7) モバイル広告

スマートフォンなどモバイルによるインターネット利用が急増しており，モバイルの特徴を活かした広告の開発が活発になっている．

スマートフォンについては，ブラウザ上でパソコンの Web サイトを閲覧する方法，スマートフォン専用のサイトを閲覧する方法，そしてスマートフォンアプリで閲覧する方法がある．Web サイト上での広告はパソコンの場合と違いはないが，アプリではさまざまなコンテンツを提供しやすく，その内容も多岐にわたっている．また，位置連動型広告や，ワンクリックで電話をかけたり，店舗で画面を見せればいい電子クーポンを配布するなど，モバイルならではの特徴を活かした広告が可能である．

また，従来型携帯電話の性能もよくなっているため，画像を用いた宣伝も行われている．モバイルの場合はピクチャー広告と呼ばれる．

一般的に，インターネット広告は「プル型広告」と「プッシュ型広告」に分類できるといわれる．プル型は，"待ちの広告" とも呼ばれ，消費者の需要を喚起し，その需要を企業の利益へと誘導していく方法である．一方，プッシュ型広告は，"攻めの広告" とも呼ばれ，ユーザに対してダイレクトに働きかけていく方法である．

リスティング広告は，一般的に「プル型広告」と呼ばれていたが，ユーザが検索したキーワードに連動して広告を表示する「検索連動型広告」などは，プッシュ型の一種ともいえる．このように，プル型とプッシュ型を組み合わせてさまざまな広告が実践されている．

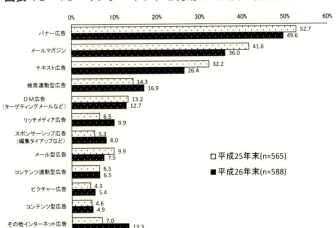

図表10-10　インターネットを利用した広告の種類別導入率

(注) インターネット広告を実施している企業に占める割合
① テキスト広告：文字のみで構成されているもの．
② バナー広告：ウェブページ上で他のウェブサイトを紹介する機能を持つ画像で，クリックするとそのバナーのウェブサイトへリンクするもの．
③ リッチメディア広告：マウスの動きに合わせて表示が動いたり，ストリーミング技術で動画を表示したりするような音声や映像を活用しているもの．
④ コンテンツ連動型：Webコンテンツの文脈やキーワードを解析し，内容と関連性の高い広告を表示するもの．

出所：総務省（2015）「平成26年通信利用動向調査の結果（概要）」p.17

インターネット広告の種類別の利用状況は，図表10-10の通りである．これをみると，多様な種類のインターネット広告が利用されていることがわかる．それぞれ目的や効果は異なっており，ターゲットをあまり絞らないプロモーション（PRやブランディング）の要素が強いものから，見込みのあるユーザに狙いを定めたユーザの行動に反映されやすいものまでさまざまである．

インターネット広告にどのような効果を求めるのかを考え，適切な方法で必要に応じて複数の方法を組み合わせながら活用していく必要がある．

## 10.2.3　評価・効果測定

実施したプロモーションが，どの程度の規模で，どのようなユーザに，どのような効果があったのかを可能な限り正確に評価・検証することは，マーケティング手法の改善に必要である．

基本的に，インターネット広告の場合は，まずアクセス履歴等を集計する

「アクセス解析」を行い，複数の具体的な指標を用いて効果測定を行い，その結果をもとに改善に取り組むこととなる．

次に，「アクセス解析」と「効果測定」について取り上げる．

## (1) アクセス解析

アクセス解析では，自社のコーポレートサイトや特設サイトなどを，訪問者がどのような経路で訪問したのか，どの程度の時間閲覧していたのか，サイト内での行動履歴，またページビュー数などを解析する．実店舗における顧客の買い物の行動を見るように，インターネット上でのユーザの行動履歴を確認することで，Webサイト等を効果的に改善する点を見つけるようにする．

アクセス解析には，自社で行う場合と外部に委託する場合がある．アクセス解析用の手段としては，サーバに残っているアクセスログを解析する「サーバーログ型」，解析したいサイトにタグ（ビーコン）を埋め込み，サーバーログ型ではわからない動きも把握する「ビーコン型」，Webサーバ上のアクセス情報をリアルタイムで読み込み解析する「パケットキャプチャ型」などがある．

アクセス解析用ツールとしては，Google Analytics（グーグルアナリティクス）が最も有名である．

■事例：Google Analytics

Google Analyticsとは，Google社が無料で提供するWebページのアクセス解析サービスである．解析したいサイトにタグ（ビーコン）を埋め込む，ビーコン型アクセス解析ツールの代表的なものといえる．

無料のサービスだが，他社が有料で提供するサービスと同様のレベルの解析を行うことができる．基本的なアクセス情報として，訪問者数，閲覧ページ数，滞在時間・訪問回数・訪問頻度，訪問者のサイト内移動経路，訪問者の検索キーワード，訪問者の来訪前経由サイト，広告クリック数などを入手できる．

## (2) 効果測定

効果測定を考えるうえで，まずは指標が重要となる．KPI（Key Performance Indicator）とは，解析ツールを用いてマーケティングの効果を測定するための

各種の指標の総称である．KPIには，あるWebサイトの各ページが閲覧された回数の合計である「ページビュー（PV）」，サイトを訪問した"のべ人数"である「ユーザ数（訪問者数）」や純粋な訪問者数をあらわす「ユニークユーザ数」，インターネット上で広告がクリックされている割合を示す「クリック率」などさまざまなものがある．KPIは数値化できるもので，マーケティングの目標に直結している数値を選ぶ必要がある．

KPIに基づいて効果測定を継続的に行いつつ，必要なデータが得られていないと思われる場合は，数値化できる新たな指標の設定も検討を加える必要がある．その結果を踏まえてマーケティング手法を改善していくことが重要である．

## 10.3 パブリックリレーションズ（PR）

パブリックリレーションズ（PR）は，商品の購入を直接訴えるのではなく，商品やサービス，企業について説明をすることで，それらの認知度をあげることを目的としている．

つまり，パブリックリレーションズ（PR）とは，広告のように購入してもらうことを直接的に目指すというよりは，顧客と長期的で安定した良好な関係を構築・維持することを重視したマーケティングだといえる．

### 10.3.1 検索におけるPR

企業やその商品，サービスについての認知度をあげるために，まず存在を知ってもらわなければならない．そこで活用されるのが検索エンジンである．さらに認知を実行に移すために，さまざまな工夫が必要である．

多くのユーザは，興味関心がある事柄について検索エンジンを利用して検索する．したがって，検索結果の上位に表示されれば，効果的なPRとなり，集客につながる．

## 10.3.2 イメージ戦略

　パブリックリレーションズ（PR）の目的は，先に述べた通り，安定した顧客の獲得である．そのために必要なのは，「イメージ戦略」である．まず，企業や商品，サービスについて消費者に知ってもらうために，説明，紹介を行うことが重要である．興味関心をもってもらった消費者とは，双方向のやりとりを行うなどして良好な関係を築くこともできる．

　実際に行われているパブリックリレーションズ（PR）では，新商品を紹介したり，企業の理念や活動について報告をしている．また，ブログを通して活動状況を知らせること，親しみやすいキャラクターを作って企業活動以外の場でも目に触れる環境を作ることなどを通して，日々の生活のなかで消費者に良いイメージを残すこともPRである．直接的な成果にはつながらないが，消費者のなかに企業やその商品・サービスのブランドイメージを定着させ，安定した顧客を獲得することを目的としている．印象的な企業のホームページやロゴを作成することも有効である．

　これらの情報について，消費者同士のやりとりも重要となる．SNSなどを利用すれば，口コミが爆発的に増大する可能性がある．どのような口コミがされているのかを監視しながら，バイラルマーケティングやバズマーケティングを取り入れて，うまく拡散させることで，認知度をあげて人気がでることを目指すのである．

　現在は，一方的な情報発信ではなく，顧客とのコミュニケーションを重視する傾向にある．投稿やコメントによる顧客とのやりとりを通して，顧客とのつながりを強くすることを目的としている．クレームに対する丁寧な対応なども，企業のイメージ向上につながるため，顧客の声を聞きやすい環境が整備されている．また，消費者同士のつながりも拡大し，顧客の増加を図る．

## 10.4 課題と展望

マーケティングにインターネットを活用することで，顧客のニーズを把握しやすくなっている．膨大な情報をもとに十分なリサーチを行い，的確に分析することで，顧客自身も自覚していないニーズを満たす商品やサービスの開発を行うことが可能になりつつある．また，個々の嗜好に合わせたプロモーションも可能となり，無駄なコストを省くこともできる．ネット上でのやりとりはすべて情報として蓄積されるため，その分析は効果的なマーケティングを行うために非常に重要なデータとなる．

一方，ネットマーケティングはまだ発展途上であることを，留意しておかなければならない．インターネット業界は，日々変化し続けている．常に顧客と接触し続け，顧客のニーズを把握していくにはその変化に対応していかなければならない．

インターネットによって顧客と接触しやすくなっている一方で，対面での接触の機会は減っている．O2Oのあり方も含め，実社会とインターネット上の双方における接触を大切にし，さまざまな方法を組み合わせた有効なマーケティング手法の開発に取り組むことが重要だといえる．

《発展学習のポイント》
1. 企業や顧客にとって，インターネットをマーケティングに活用するメリットとデメリットは何か．
2. インターネットとそれ以外の手法を組み合わせて，顧客の関心をどのように引きつけられるだろうか．
3. インターネット広告の優れた例や，O2Oのユニークな例を探し，その成功要因を分析しよう．

# 第Ⅳ部
# eビジネスの新領域への拡がり

　第Ⅳ部では，eビジネスの新しい領域への拡がりの例として，「労働分野」と「教育分野」を取り上げる．

# 11. 労働のeビジネス化

　近年，日本においてクラウドソーシング市場が急拡大を続けている．クラウドソーシングとは，インターネット上のプラットフォームを活用して，不特定多数の人に仕事を発注する仕組みのことである．

　クラウドソーシングは1990年代終わりから欧米諸国ではじまり，特に2008年のアメリカの金融危機後に欧米諸国を中心に急成長している．日本でも2012年頃から一気に認知が進み，参入企業も増加した．その後，クラウドソーシング事業者と仕事の受発注が急増し，2013年は「クラウドソーシング元年」などとも呼ばれた．

　クラウドソーシングサービスの流通金額規模（仕事依頼金額ベース）は，2013年度が215億円，2014年度が408億円であり，2018年度には1,820億円と達する，という市場推計もある．また，大手クラウドソーシング事業者の登録者数を単純合計すると200万人を超え，また，発注を検討・実施している登録企業も数十万社にのぼるという．

　急成長するなか，ベンチャー企業だけでなく，大手企業が新規事業としてクラウドソーシング市場へ参入するなど，クラウドソーシング事業者は急増している．また，欧米の先進企業がクラウドソーシングを活用して新商品開発に活かしたり，業務の効率化に役立てている事例などがマスコミ等でも報道されるようになり，仕事を発注する企業（発注企業）のなかに大企業が増えてくるなど，発注側も多様化してきている．一方で，「労働の低コスト化」につながるのではないかと批判する声もある．

　ここでは，近年，勃興した，「働き方」の変化に影響を及ぼしていくと思わ

11・労働のeビジネス化

れる，クラウドソーシングの成り立ちや，業界の現状と課題について取り上げる．

## 11.1 在宅ワークとクラウドソーシング

### 11.1.1 在宅ワークとクラウドソーシングの関係整理

　クラウドソーシングは近年勃興したものだが，その元となる働き方は，2000年頃から日本でも普及している「在宅ワーク」である．

　従来，在宅ワーク業務の発注の多くは，以前の勤務先や個人的な伝手(つて)による「直接請負」か，在宅ワーク業務を発注者から包括受注して，在宅ワーカーに割り振る「仲介機関」が介在するという方法で，実施されていた．

　2000年頃からITブームの波に乗って急成長した在宅ワーク市場（SOHOも含む）は，2000年代半ばからのIT不況や企業の情報管理体制の強化による外部委託業務の絞り込みなどにより，漸減状況にあった．

　しかし，過去数年間で，最近の通信回線利用の低価格化，モバイルの普及，

図表11－1　在宅ワークとクラウドソーシング

【直接】　　　　　　　　　　【仲介】

発注者と在宅ワーカーが直接やりとり　／　業務を包括受注して在宅ワーカーに割り振る　／　受発注ができるプラットフォームの提供

直接請負　／　従来型仲介機関　／　クラウドソーシング（急成長！）

165

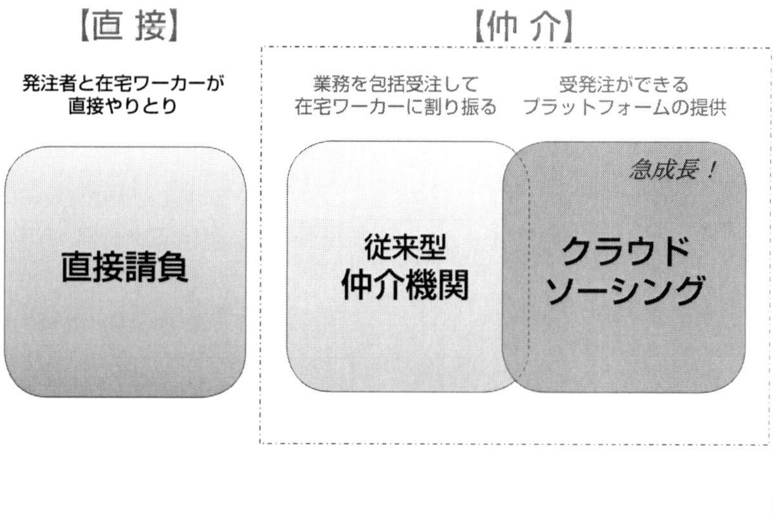

ITサービスの多様化と飛躍的な発展で，在宅ワークを行う環境整備が進んだ．

そして，クラウドサービスの普及により，仕事の受発注をすべてインターネットのプラットフォーム上で行える「クラウドソーシング」が始まったのである．

このビジネスの急成長により，在宅ワーク全体の受発注が急増し，業界の活性化が進んでいるのである．そのため，最近では，従来型の仲介機関のなかには，"自社は昔からクラウドソーシングをやっている会社です"と謳ったり，クラウドソーシング・ビジネスを新たに発足させたりする企業もでてきている．

以上のような最近の変化を踏まえて，在宅ワーク全体とクラウドソーシングの関係性は，図表11-1のように整理できる．

## 11.1.2　クラウドソーシングとは何か

クラウドソーシングを，より具体的に定義すると，「クラウドソーシング事業者が提供するインターネットのプラットフォームを通して，"不特定多数（群衆＝crowd）"に業務を外部に発注・アウトソーシング（outsourcing）する

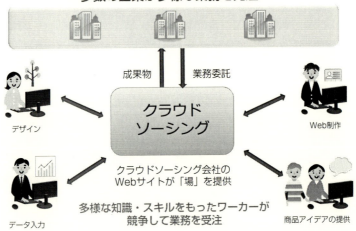

図表11-2　クラウドソーシングの概念

インターネット上の仕組み」といえる．クラウドソーシングとは，文字通り，「crowd」と「outsourcing」を組み合わせた造語である．

### 11.1.3　クラウドソーシング進展の背景

クラウドソーシングが急成長する背景には，主に次のような要因があげられる．第1に，ITの技術革新とスマートフォンやタブレットPCなどモバイルにおける利便性が向上し，さらにインターネットのクラウドサービスの浸透等により，仕事の受発注が根本的に容易になっている．第2に，グローバル競争が激しくなるなか，業務のスピード重視とともに，企業は不特定多数の智恵やスキルを活用する「集合知」活用への関心を高めている．第3に，業務を内製化する場合の構造的な高コスト負担や，外注コスト削減のニーズなどがある．さらに，仕事をうける受注側と，仕事を出す発注側にも大きな変化がおきている．

第4に，若者を中心とした，労働者からは会社に縛られずに自由な働き方を求める声がある一方で，シニアが収入や生きがいを求めて手軽に働きたいというニーズも増えている．

日本では世界最速の少子高齢化が進むなか，今後の労働力不足が懸念されており，その面からもクラウドソーシングはITを活用した「働き方革命」として注目されているのである．

## 11.2　クラウドソーシングの類型

### 11.2.1　クラウドソーシング事業者の分類

クラウドソーシング事業者は，取り扱う仕事の幅・内容から，ランサーズ，クラウドワークスのように多様な業務を幅広く取り扱う「総合型」や，バナー広告に特化，ゲームのイラストに特化，翻訳に特化，音声の活用に特化といった「分野特化型」に分類できる．

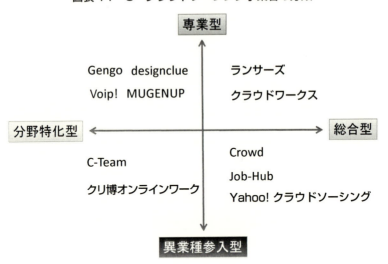

図表11-3 クラウドソーシング事業者の分類

また，事業開始の背景から，ベンチャー企業等による「専業型」と，パソナテックのように異業種から参入した「異業種参入型」にも分類できる．

図表11-3のように，これらを組み合わせて4つに分類して整理できる．

## 11.2.2 受発注方法の分類と特徴

クラウドソーシングのサービスでは，まず，仕事を発注したい企業と仕事を請け負いたいワーカーが，クラウドソーシング会社のWebサイトに登録する．

受発注方法としては，コンペを行いそのなかから一人の作品を採用する「コンペ方式」や，提案を募集して選んだワーカーに発注する「プロジェクト方式」などさまざまな形態がある．最近では，時間制で業務を依頼して報酬を支払う「時間制方式」などもある．業務内容は，グラフィックデザインやWeb制作から，データ入力や記事作成まで幅広い．

最近，特に大企業で注目されているのがアイデア・意見募集である．従来，新製品・サービス開発のための消費者ニーズの調査には，アンケート会社のモニター登録者に意見を聞いたりする場合が多かった．クラウドソーシングであ

れば，さまざまな専門性やバックグラウンドをもった人材を見つけ出し，受け身でない自主的・積極的な意見を集めることができる．

クラウドソーシングが従来と異なる点のひとつは，インターネット上で企業とワーカーが互いのプロフィールや受発注の実績を確認してから発注・受注できる「見える化」である．また，契約や入金手続き等も Web 経由で可能である．

## 11.3 クラウドソーシングを巡る2つの変化

クラウドソーシングを取り巻く重要な動きは，受注側と発注側の両方におきている．

### 11.3.1 受注側の変化

従来，在宅で仕事をする，いわゆる在宅ワーカーといえば，子育て中の主婦が中心であった．ところが，前述したように，これまでの長期的な不景気によりリストラにあったシニア層（主に男性）や，定年退職後に"第2の人生"として働き続けたいというシニア層（男性・女性の両方）などが着実に増えている．また，就職活動が不調だったり，就職してみたが職場があわなかったりといった受け身の理由だけでなく，積極的に個人で独立して自分のスキルを活かしてみたいという若者も増えている．

さらに，子育てなどで仕方なく退職したが，子育てが一段落すればまた再就職したいので，それまでの「キャリアの空白期間」を作らないために在宅ワークに取り組む，とキャリア形成に積極的に位置づけて活用する人も増えている．

これらのニーズは，クラウドソーシングの普及により，容易に取り組めるようになっている．このように，クラウドソーシングで働きたいという受注側の人とニーズの「多様化」は着実に進んでおり，今後，ますます広がっていくと考えられる．

図表11-4 受注側と発注側の"多様化"の進展

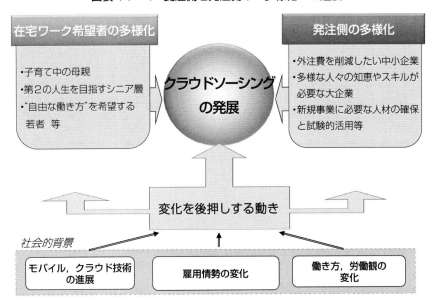

## 11.3.2 発注側の変化

最近のもうひとつの興味深い変化は，実は仕事を発注する「発注側」である．従来の在宅ワークの発注企業といえば，外注費のコスト削減のための中小企業が中心であった．ところが，欧米の大企業がクラウドソーシングを使って新製品開発のアイデアを募集したり，利用者側の意見を集めたりして成功している例がマスコミで宣伝されたりしたこともあり，日本の大企業も似たような活用方法に積極的になっている．クラウドソーシング事業者の増加やプラットフォームの利便性の向上などもあり，それを後押ししている．

さらに，日本のベンチャー企業や中堅・大手企業などで，新規事業を試験的に立ち上げる際に，社員を専属させる余裕がないため，最初に新規事業分野でスキルや経験のある人材を集めるために，クラウドソーシングでテスト的な業務を発注して人材を選抜し，それらの人材にだけ本格的な業務を別途発注するといった方法をとっている例も出てきている．

従来の在宅ワークやクラウドソーシングは，業務効率化やコスト削減を主目的としたものが多く，「守りの活用」といえる．これに対して，このように新規事業の立ち上げなど積極的な"攻めの経営"のためのクラウドソーシングの利用は「攻めの活用」と呼べよう．

クラウドソーシングの活用は，中小企業，ベンチャー企業から大企業まで広がりをみせ，発注側の多様化が進んでおり，今後も継続すると思われる．

以上の2つの変化は，次のようにまとめられる．

# 11.4 課題と展望

前述のクラウドソーシングを巡る2つの大きな変化は，一方で次のような問題点も生み出している．

前者の「受注側の変化」により，クラウドソーシングに関心をもつ人々は性別・年代を問わずに確実に広がっている．ただし，層が広がる分だけ，クラウドソーシングで仕事をするうえでの心構え，仕事の進め方，契約面などに疎い人の参入が増加しているが，トラブルが発生したときにクラウドソーシング事業者が適切に対応しているかには懸念が残る．また，クラウドソーシング事業者が急増していることもあり，なかには非常に低収入であるなど問題のある仕事を仲介する"悪徳（問題）"業者にひっかかってしまう例も出てきている．急成長する分野であれば，必ず見られるひずみともいえるが，今後の順調な成長のためには注意が必要である．

後者の「発注側の変化」により，クラウドソーシングの利用企業が多様化しているため，クラウドソーシングの特徴や効果的活用方法を理解していない企業が増えているという問題もある．そのため，発注側への情報提供をこれまで以上に実施し，発注側の"適正かつ効果的な活用方法（クラウドソーシング利用のリテラシー向上）"の普及啓発を強化すべき時期だといえる．

主要なクラウドソーシング事業者により2014年5月に「クラウドソーシング協会」が設立され，各種の問題に対応する組織として期待されている．ただ

し，ベンチャー系企業が多く，また，業界内での競争が激しいこともあり，実際にリソースを投入するのは容易ではないという面もある．

　クラウドソーシングは，急激に成長している発展途上の分野であり，労働のeビジネス化という観点からも，今後の展開が注目される．

---

**《発展学習のポイント》**
1. 在宅ワークやクラウドソーシングといった働き方は，働く個人と仕事を発注する企業にとって，どのようなメリットとデメリットがあるだろうか．
2. 在宅ワークやクラウドソーシングといった働き方は，どのような条件がそろえば有効に活用できるのであろうか．個人と企業の両面から考えてみよう．
3. 在宅ワークやクラウドソーシングといった「労働のeビジネス化」は，今後も進んでいくと思われる．これにより，我々の働き方で，変化する点と変化しない点は何であろうか．

# 12. 教育のeビジネス化 (eラーニング)

## 12.1 eラーニングの普及と定着

eラーニングは高等教育だけでなく企業内教育でも広く活用されている．企業でどのように活用されているか，また学習者である個人がeラーニングをどのように捉えているのかを取り上げる．

### 12.1.1　拡がりをみせるeラーニング

eラーニングとは，文字通り「ICT活用による人材育成」である．eラーニング先進国である北米の影響を受けて，日本でeラーニングの最初のブームが起きたのは2000年頃である．その後，一旦停滞時期もあったが，社会全体の情報化の進展や教育研修におけるICT活用ニーズの高まりを受けて，企業内教育や高等教育で広く活用されている．

筆者は国際機関の事務局に出向していた1993年頃から，人材育成の国際協力手段として遠隔学習（現在のeラーニング）の調査研究や国際協力事業を推進しており，eラーニングの誕生と発展に関わってきた．1990年代後半のインターネット勃興期の頃と比べると，毀誉褒貶はあれ，eラーニングは格段に成長してきたとみている．また，日本におけるeラーニング動向の最も包括的な調査研究成果『eラーニング白書』（経済産業省編）の執筆などを2004年度調査から数年間担当した．その際，『eラーニング白書2005/2006』では，日本におけるeラーニング登場の2000年から2004年までの最初の5年間を「黎明

期」，2005年から次の5年間を「発展期」と名づけた．

その後，規模の大きい企業や大学の大半で，何らかの形でeラーニングが導入されている．そのため，導入率はもはや重要ではなく，ポイントは，どのような分野や科目に，どの程度有効に活用されているかである．

また，大学に限らず，小中高向けの教育でも，タブレット端末を利用したさまざまなeラーニングサービスが提供されている．

特に，個人向けのBtoC市場を対象に，各種の教育アプリが開発され，タブレット端末で気軽にダウンロードして利用できるようになっている．

### 12.1.2　企業での活用方法

eラーニング導入企業では，eラーニングと集合教育を融合して実施する「ブレンディッドラーニング」が一般化しており，eラーニングを特別視せず，あくまで「人材育成システムの一部」としてみなす企業が増えている．

さらに，さまざまな面でeラーニングシステムの技術革新が進んでいる．利用ツール面では，利用者の利便性を高めるために，PCに加えてモバイル機器の併用によるユビキタス学習環境への取り組みから，同期・非同期の融合型利用による業務支援面の強化で学習と日常業務を一体化させる試みが進んでいる．

(1) eラーニング導入方法の分類

企業のeラーニング導入方法について，『eラーニング白書』での包括的な企業調査と数十件にのぼる企業事例研究から，研修内容と期待される付加価値から判断して，次のA～Dの4タイプに分類できる．

「タイプA：汎用的知識」は，研修におけるeラーニング活用度が高く，すべてオンラインで実施している場合が多い．1回のeラーニング受講者数が非常に多いのはこのタイプである．このタイプは既製コンテンツが多く，運営管理もパターン化されていてアウトソースを利用しやすく，実施企業が最も多い．そのため，eラーニング導入初期の企業はこのタイプから始める場合が多い．また，全社一斉教育の敷居が高い場合は，PCスキルが高くeラーニング利用への抵抗感が低いと思われる若手社員や内定者を対象とした汎用的知識研修か

## 12・教育のeビジネス化（eラーニング）

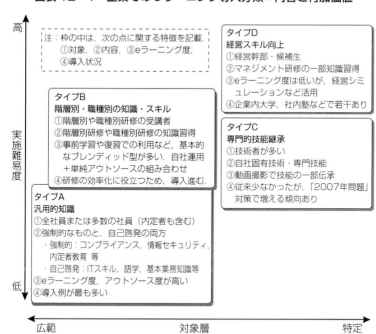

図表12-1　企業でのeラーニング導入分類：内容と付加価値

出所：大嶋淳俊（2012）『情報活用学入門』学文社，p.119

ら導入している．

　これはeラーニングの特長を引き出したアプローチだが，知識を広く広めるというレベルに留まっており，最低限の活用といえる．しかし，このタイプで満足してしまっている企業は少なくない．eラーニングの活用方法といえば，これしか思いつかない企業の担当者もいる．意欲的な企業は，これをeラーニング導入の試金石と捉え，その課題抽出と運用方法への理解を深めたうえで，次のタイプB・C・Dに進んでいる．

　「タイプB：階層別・職種別の知識・スキル」は，階層別研修や職種別研修の補完手法としてeラーニングを利用するものである．事前学習や事後学習として，知識習得・確認にeラーニングを利用して研修の重要部分は集合研修で行う，基本的なブレンディッド型研修の場合が多い．また，IT技術者研修な

ど特定の職種対象の場合にeラーニング活用度が高くなる場合もある．

このタイプの場合も既製コンテンツはあるが，自社の独自性が高い研修内容は新たにコンテンツを開発している．以前はeラーニング提供企業への外注が大半であったが，最近ではコンテンツ作成が容易になり，内製化が進んでいる．

「タイプC：専門的技能継承」は事例としてまだ少ないが，「2007年問題」とされた団塊世代の大量退職を受けて増加傾向にある．専門的技能はOJTでないと教えられないといわれていたが，専門的技能習得の反復学習にeラーニングは適していると認知されている．例えば，製鉄系や重化学工業系の企業では，高度専門技能者の作業過程を動画撮影して関連情報を統合し，若手社員向けのデジタル教材として利用されている．最近では，このようなデジタル教材を作成する専用の機材が開発されており，実施が容易になっている．

「タイプD：経営スキル向上」は事例としては少なく，また4つのタイプのなかでeラーニング活用度が最も低い．高度なマネジメントスキルの習得は集合研修が基本となるが，幹部候補生育成の一部の科目で知識補強に導入されている．また，グループ学習の一環として，経営シミュレーション教材を利用する場合もある．日本では少ないが，欧米や韓国などのグローバル企業では，マネジャーのグローバルな育成のためにeラーニングを積極的に組み込んで研修を実施する例もある．

なお，複数の導入形態を同時に実施している企業が多く，どれかのタイプひとつに属するというわけではない．eラーニングを積極的に活用しながら，高度な人材育成活動を行っている企業ほど，複数のタイプを使いこなしている．

### (2) 多様な活用が進むeラーニングシステム

上記のとおり，さまざまな教育研修目的のためにeラーニングが活用されている．そして，単なる教育研修目的だけでなく，ICTシステムの特徴を活かした協働のためのコミュニケーションシステムとしての機能も果たしている．例えば，eラーニング導入企業におけるeラーニング（システム）を応用した活用方法としては，「社内コミュニケーションで活用」「社内の遠隔会議で活用」などが広く使われている．このように，eラーニング（システム）が社内

のコミュニケーション手段のひとつとしても活用されている．

## 12.2 MOOCの登場と普及

### 12.2.1 MOOCの背景

　近年，eラーニングの普及の面で大きな変化があったのは，企業よりはむしろ大学である．それも，各大学の取り組みというよりは，グローバルな規模での「大規模公開オンライン講座（MOOC：Massive Open Online Course）」の普及である．MOOCとは，世界規模で著名な大学等が連携して，インターネットで有名教授の講義を無料で提供するプラットフォームのサービスである．

　これは，各大学が個別に行っているというよりは，複数の大学がプラットフォームを共同構築・運営しているのが特徴である．代表的なものとしては，米国のスタンフォード大学の教員が中心となって発足した営利団体の「Coursera」，MITやハーバード大学が出資した非営利団体の「edX」などがある．

　著名大学の講座を無料で公開する取り組みは，MITのOCW（Open Course Ware）などに代表されるように2000年代から取り組まれていた．一方，MOOCは2012年頃から爆発的に広まっている．

　OCWは，講義のシラバス，講義資料，講義の映像などを無料で提供するだけであった．そのため，基本的に提供側からの一方向的なものであった．これに対して，MOOCは，講義の資料や映像だけでなく，講義の学習活動支援や履修認定なども組み込んでおり，よりインタラクティブで本格的な「無料のオンライン認定講座」的なものだといえる．また，MOOCはクラウドを利用することで，十万人規模のコース運営が可能となっている．

　MOOCが普及している背景には，世界的に通信環境が改善したことや，モバイル端末の性能が向上するなど，学習者にとって学習しやすくなったことがある．一方，大学側にとっても，安価で運営しやすいクラウドサービスを利用

して，容易に運用できるようになった点などがあげられる．さらに，大学があえて著名大学の講座を無料公開しているのは，高等教育のグローバルな競争激化で世界中から優秀な学生を集めるのが生き残る最有力手段であり，そのためにMOOCを有効な手段として考えているからである．

## 12.2.2　MOOCの現状

MOOCは2012年頃から急速に立ち上がり，世界的にネットワークを広げている．高等教育の代表的なものは，次のとおりである．

**図表12-2　海外の主なMOOC**

| 名称 | 主体 | 概要 |
| --- | --- | --- |
| Coursera | スタンフォード大学の教員が設立したeラーニングの営利団体．2012年4月発足．ミシガン大学，プリンストン大学，ペンシルバニア大学等．東京大学も参加． | 約140のパートナー大学等<br>約1,560コース<br>約1,690万人 |
| edX | MITやハーバード大学が出資した非営利の教育サイト．2012年5月発足．USバークレー，シカゴ大学，清華大学，ソウル国立大学等．京都大学が最初に参加．東京大学，大阪大学も参加． | 約90のメンバー大学等<br>約810コース<br>約600万人 |

MOOCの利用は若者に限らない．若手のビジネスパーソンが自分のスキルアップのために取り組んでいる例も少なくない．また，学習する仲間を見つけて対面などでも集合して一緒に学習している場合もある．

MOOCの世界的な拡大を受けて，2013年10月には，日本版MOOCの普及・拡大を目指し，日本の高等教育機関が中心となって「日本オープンオンライン教育推進協議会（JMOOC）」を立ち上げた．JMOOCは，複数の講座配信プラットフォームをまとめるポータルサイトの役割を果たしており，NTTドコモ社とドコモgacco社が提供する「gacco」，ネットラーニング社が提供する「OpenLearning, Japan」，放送大学が提供する「OUJ MOOC」をJMOOC公

認の配信プラットフォームとしている．

その他にも，高等教育に限らず，ネットで動画の授業を配信する様々な教育サービスが始まっている．主なものは，次のとおりである．

**図表 12 − 3　日本の大規模オンライン教育サービス**

| 名称 | 主体 | 概要 |
| --- | --- | --- |
| gacco | NTT ドコモ社とドコモ gacco 社が提供する，JMOOC 公認の配信プラットフォーム．大学講師陣が無料でオンライン講座を開設． | 約 20 講座（2016 年 1 月）約 10 万人 |
| Schoo | 株式会社スクーが運営する無料の生放送授業で学べるオンライン動画学習サイト．「仕事に活きる」知識やスキル，最新情報などが中心．有料の「プレミアム学生」制度を備える． | 約 2,000 講座（毎月 100 講座程度）約 20 万人 |
| 受験サプリ | リクルートマーケティングパートナーズが提供する高校生向けのオンライン学習サービス．月額 980 円（税抜）で講義動画見放題，大学入試過去問，センター問題集などの機能を利用できる． | 通年，志望校対策，センター対策などの講座 約 30 万人 |

このようにグローバルにも日本国内にも広がっている MOOC だが，課題がないわけではない．MOOC の実際の講座修了率は数パーセントに過ぎず，講座内容の体系化も不十分な点がある．また，どこまで無料で続けられるのかという点も議論されている．このように，まだまだ課題も存在するが，MOOC のグローバルな流れが変わるというよりは，改善が続けられていくと思われる．

## 12.3　課題と展望

企業でも積極的に活用されている e ラーニングであるが，残されている課題もある．そうした課題を整理し，これから期待される取り組みについて考えるヒントとする．

## 12.3.1　eラーニングの課題と対策

　2000年頃から始まった日本のeラーニングブームが一旦萎んだ2002～2003年頃から，eラーニングへの批判としては，「eラーニングのキャッチフレーズは"いつでも，どこでも学習できる"だが，実際には，移動中の学習にはPCが必要で，LANがないとまともな学習ができない」，「システム導入費やコンテンツ作成費が高い」，「運営側から見て，運営が複雑・煩雑である」，「自分でコンテンツ作成するのがむずかしい」，「学習したいコンテンツが少ない・足りない」，「コンテンツが電子紙芝居みたいで面白くない」，「人との交流が少ないので，単調になってモチベーションが続かない」など多々あった．

　これらの批判は大きく分けて，PCや無線LANといった通信機器の問題，システムの構築・運営の問題，コンテンツの問題，モチベーションの問題などに分類できる．

### (1) 利用環境

　学習のための利用端末や通信回線などについては，近年，ブロードバンド回線や無線LANの普及，PCのスペック向上と軽量化，そして，特に利用しやすいスマートフォン及びタブレット端末の普及などによって，利用環境が大幅に改善されているといえる．

### (2) システムの構築・運営

　運営面については，eラーニングビジネスの競争激化で低価格化が進み，運営の煩雑さはLMS（学習管理システム）の改良やクラウドサービスの普及で容易になっている．

### (3) コンテンツ

　コンテンツ面については，オーサリングツール（コンテンツ制作ソフト）の発達により簡易コンテンツの作成は自分でできるようになり，通信環境や利用目的に応じて映像・音声・テキストのバランスを考えたコンテンツ作成が一般

的となっている．

　また，電子紙芝居的なコンテンツよりは，FlashやHTML5を使ったアニメーション的な教材や，音声・映像などを組み込んでわかりやすくしたり，一度に長時間配信するのではなく1項目15～20分ほどに区切って配信する，また，コースの内容によっては集合研修と組み合わせたブレンディッドラーニングで実施するなど，コンテンツの内容に加えて，その利用方法について工夫がなされている．

(4) モチベーション

　学習のモチベーションは，システムの利便性やコンテンツのラインナップと質などにも左右されるが，さらに，メンタリングやチュータリングを組み込んで学習を継続する支援をしたり，eラーニングとSNSを組み合わせて他の学習者と交流・協力しながら学習する協調学習を取り入れる工夫がなされている．

　また，以前はインターネットやPC及びモバイルで学習することに拒否反応を示す中高年層が多かったが，中高年層でもICTリテラシーは徐々に改善されており，すべての世代で利用可能な方向に向かっているといえる．

## 12.3.2　展望

　これまで見てきたように，2000年頃から始まった日本のeラーニングは，利用環境に加えて，システム面やコンテンツ面などで，大きく改善が進んでいる．

　また，比較的単純なつくりであるMOOCの利用者がこれだけ増えているところをみると，学習者の学習に対する真剣さの度合いによっては，シンプルなeラーニングでも十分に普及する可能性があると思われる．

　一方，大学や企業を見渡すと，教育研修の現場にeラーニングを有効活用している講師が必ずしも多くないことが懸念点だといえる．この点をどのように改善していくかは，長期的な課題だといえる．

　教育のeビジネスとしてのeラーニングは，今後もますます発展の可能性を秘めている．

《発展学習のポイント》
1. eラーニングのメリットとデメリットは何か．そのデメリットはどうすれば克服できるか．
2. eラーニングやMOOCのようなサービスを自分で体験してみよう．その結果，効果があがる活用方法を考えてみよう．
3. eラーニングやMOOCのようなサービスは，今後どうなるのだろうか．また，高等教育機関はどういった対応をすれば良いのだろうか．

### 【参考文献・情報】

　eビジネスやマーケティングについては，数多くの書籍や定期刊行物が出版されている．さまざまなものを確認したが，最も利用したのは，政府が発行している白書や調査レポート等であった．これらは全てインターネットから無料で入手できる．
　本書で紹介した図表やデータについて詳しく知りたいときは，是非，ご自身でダウンロードして，内容を確認することをお勧めする．

**総務省『情報通信白書』各年版**
　http://www.soumu.go.jp/johotsusintokei/whitepaper/
　※毎年出版される．日本のICT環境やビジネスの全体像を理解するのに最適．インターネットで全文が公開されている．概要版やKids版などもある．

**総務省「通信利用動向調査」各年版**
　http://www.soumu.go.jp/johotsusintokei/statistics/statistics05.html
　※本調査結果の多くが，『情報通信白書』で活用されている．「世帯編」と「企業編」がある．

**総務省・経済産業省「情報通信業基本調査」**
　http://www.soumu.go.jp/johotsusintokei/statistics/statistics07.html
　※情報通信企業の実態を把握し，情報通信政策の基礎となる資料．

　少し大部になるが，次の書籍もおすすめである．

**宮川公男／上田泰（2014）『経営情報システム＜第4版＞』中央経済社**
　※特に，企業の経営情報システムについて詳しい．

**コトラー／アームストロング／恩藏（2014）『コトラー，アームストロング，恩藏のマーケティング原理』丸善出版**
　※米国の有名なマーケティングの教科書．翻訳だが読みやすく，事例も豊富な良書．

　他にも数多くあるので，書店で手にとって自分の関心に合致したものを選ぶことをお勧めする．

　　＊なお，本書脚注内の引用文献・資料について，インターネットで閲覧できるWeb上のサイトへのアクセス日は特別の記載がないかぎり，2016年2月7日付である．

# 索引

4C　139
4P　139
AIDMA　145
AISAS　146
AISCEAS　146
AR　58
ASP　36
B to B（Business to Business）　35, 36
B to B to C（Business to Business to Consumer）　35, 42
B to C（Business to Consumer）　35, 37
BYOD（Bring Your Own Device）　61
C to C（Consumer to Consumer）　35, 43
CGM（Consumer Generated Media）　154
Earned Media　148
EDI（Electronic Data Interchange）　33, 36
FinTech　42
IaaS（Infrastructure as a Service）　69
ICT　i
ID　120
IMC（Integrated Marketing Communication）　147
IoT（Internet of Things）　25, 101
ISMS（Information Security Management System）　122
IT　i
KPI（Key Performance Indicator）　144, 159
M2M（Machine to Machine）　101
MOOC（Massive Open Online Course）　177, 178
O to O（Online to Offline）（O2O）　7, 45-48, 63
Online to offline　45
Owned Media　148
PaaS（Platform as a Service）　70
Paid Media　148
PDCA（Plan, Do, Check, Act）　123
SaaS（Software as a Service）　70
SEM（Searching Engine Marketing）　150
SEO（Searching Engine Organization）　150
SNS（Social Networking Service）　13, 76, 79
STP　139

## あ行

i-Japan 戦略 2015　21
IT 産業　20, 23
IT 新改革戦略　21
IT 戦略　21
IT 総合戦略本部　21
アウトソーシング　166
アクセシビリティ　68
アクセス解析　159
アフィリエイト広告　156
新たな情報通信技術戦略　21
アーンドメディア　148, 149
e コマース　31, 34
e-Japan 戦略　20
e ビジネス　i, 31, 50
e マーケットプレイス　37
イメージ戦略　161
e ラーニング　173
　　　——導入方法　174
インターネット広告　150, 153, 154
インターネット CM　156
インターネットショッピング　15
インターネット人口普及率　7
インターネットビジネス　31
インターネット利用者数　7
インターネット利用率　7
ウイルス　116
ウイルス対策ソフト／サービス　119
ウエアラブル端末（ウエアラブルデバイス）　58
ウォンツ　132, 133
「AIDMA」モデル　145
オウンドメディア　148, 149
オーサリングツール　180
オムニチャネル（Omni Channel）　46

184

## 索引

オンラインショップ　38
オンラインモール　38

### か行

外部環境分析　138
価格（Price）　139, 140
仮想現実　58
ガラパゴス携帯　55
クラウド　52, 66
クラウド基盤層　69
クラウドコンピューティング　66, 67
クラウドサービス提供層　70
クラウドソーシング　18, 164-172
クラウドソーシング事業者　167
　──異業種参入型　168
　──専業型　167
　──総合型　167
　──分野特化型　167
クリック・アンド・モルタル（Click and Mortar）　38, 46
クリック率　160
群衆＝crowd　166
検索エンジン最適化　150
検索技術　11
検索におけるPR　160
検索連動型広告　155
効果検証　145
効果測定　158
広告　146, 147
構造化データ　99
行動ターゲティング　143
高齢化社会　5
高齢社会　5
顧客志向（タイプ）　135, 136
顧客主導型マーケティング　135
コンテンツ制作ソフト　180
コンテンツビジネス　37
コンテンツ連動型広告　155
コンピュータウイルス　116

### さ行

在宅勤務　18
在宅ワーク　18, 19, 165
社会志向　136
集合知・共有サイト　77, 89

従来型携帯電話　55, 153
需要　132, 133
少子高齢化　2
情報化　2
情報活用学　ii
情報活用力　ii
情報セキュリティ（Information Security）　110-127（8章）
情報セキュリティサービス　125, 127
情報セキュリティ10大脅威　111, 112
情報セキュリティ初心者のための三大原則　116
情報セキュリティ対策　122
情報セキュリティツール　125, 126
情報セキュリティの三大要素　111
情報セキュリティビジネス　125
情報セキュリティポリシー　122
情報セキュリティマネジメント　122
情報通信機器　8
情報通信白書　7
情報漏えい　72
人工知能（AI）　25, 28, 52, 144
人口ピラミッド　4
人的販売　147
スポンサーシップ広告　156
スマートフォン　5, 55
スマートフォンアプリ　157
SWOT分析　139
製品（Product）　139, 140
生産志向　135
生産年齢人口　3
製品志向　135
世界最先端IT国家創造（宣言）　22, 25-27
セグメンテーション　139
接続回線　8
攻めの活用　171
ソーシャルゲーム　77
ソーシャルメディア　14, 51, 75-97（6章）
ソーシャルメディア・ビジネス　91
ソフトウェアの更新　119

### た行

大規模公開オンライン講座　177
ターゲティング　139

185

## 索引

タブレット端末　5, 57
団塊世代　3
超高齢社会　176
データセンター　68
テレワーク　17
電子市場　37
電子商店　38
電子商店街　38
電子商取引　31, 34, 35
電子調達　37
動画共有・ライブ配信　77, 87
統合型マーケティング・コミュニケーション　147
トリプルメディア　147, 149

### な行

内部資源分析　138
なりすまし対策　121
ニーズ　132, 133
ネットオークション　43

### は行

ハイブリッドクラウド　68
パスワード　120, 121
パスワード管理　120
バナー広告　155
パブリッククラウド　68
パブリックリレーションズ（PR）　146, 147, 160
販売志向（タイプ）　135, 136
販売促進　147
ピクチャー広告　157
非構造化データ　99, 100
ビッグデータ　25, 50, 52, 98-109（7章）
ビッグデータ活用　24
フィーチャーフォン　55
プッシュ型広告　157
プライベートクラウド　68
プル型広告　157
ブログ　76
プロダクト・アウト　135
プロモーション（Promotion）　139, 140, 145
ペイドメディア　149
ページビュー（PV）　160

ポジショニング　139
ポッドキャスト　77

### ま行

マイクロブログ　13, 76, 82
マイナンバー制度　27
マーケット・イン　135
マーケット環境分析　138
マーケティング　130, 131
　——の基本プロセス　136
　——の定義　130
　——の4P（と4C）　139, 140
マーケティング・コミュニケーション　146
マーケティングコンセプト　134
マーケティング戦略　137
マーケティング・ミックス　139
守りの活用　171
ミニブログ　76, 82
無料通話・チャットアプリ　13, 76, 85
メール広告　156
メール利用での注意事項　120
モノのインターネット　25, 101
モバイル＆スマート　51
モバイル広告　157

### ら行

レコメンデーション（機能）　105
リアルとネットの融合　7
リサーチ　145
リスティング広告　155, 157
流通（Place）　139, 140
ロボット（ロボティクス）　27-29
ロングテール現象　50

### や行

ユーザ数（訪問者数）　160
ユニークユーザ数　160
4Pと4Cの対応関係　141

### わ行

ワーク・ライフ・バランス　26
One to One マーケティング　143

【著者紹介】

大嶋 淳俊（おおしま あつとし）

■いわき明星大学 教養学部 教授（経営戦略，人的資源管理，リーダーシップ 等）立教大学 経営学部・経営学研究科 兼任講師，昭和女子大学 現代ビジネス研究所 研究員

■研究分野：教育・人材育成，リーダーシップ開発，キャリアデザイン，ｅビジネス，マーケティング，イノベーション，ICT 利活用（ｅラーニング，在宅ワーク，生涯学習等），地域活性化，観光ビジネス，健康ビジネス

■略歴：APEC（アジア太平洋経済協力）人材育成 事務局へ出向し，各国ビジネススクール等の経営教育機関の組織化，マネジメント向けカリキュラム・教材開発，異文化マネジメント，ｅラーニング等の国際プロジェクトを推進．大手シンクタンクでは，「人材育成」「情報通信技術（ICT）利活用」「グローバル」を軸にリサーチとコンサルティングを展開．国際機関や研修機関での講師，各種委員会委員も務める．国内外の経営幹部向けリーダーシップ研修の主任講師．
東京大学大学院 修士課程修了（修士），博士課程満期退学

■主要著書・論文：
『情報活用学入門』（学文社），『図解 わかるｅラーニング』（ダイヤモンド社），『キャリアデザインへの挑戦』（共著，経営書院），『情報教育事典』（共著，丸善）他多数

■大嶋淳俊 研究室 ウェブサイト
https://oshima-lab.wixsite.com/research

---

ビジネスからみた情報活用学
ｅビジネス＆マーケティングの教科書
── 情報化社会におけるビジネスの捉え方 ［第二版］

2014 年 10 月 10 日　第一版第一刷発行
2016 年  5 月 10 日　第二版第一刷発行
2018 年 10 月  1 日　第二版第三刷発行

著者　大嶋　淳俊

発行者　田 中 千津子　〒153-0064 東京都目黒区下目黒 3-6-1
電話　03（3715）1501 代
発行所　株式会社 学文社　FAX　03（3715）2012
http://www.gakubunsha.com

©Atsutoshi OSHIMA 2016　Printed in Japan　印刷 シナノ印刷
乱丁・落丁の場合は本社でお取替します．
定価は売上カード，カバーに表示．

ISBN 978-4-7620-2610-2